Leben ab sechzig

Urs Haldimann

Leben ab sechzig

planen, gestalten, geniessen

Ein Ratgeber aus der Beobachter-Praxis

Der Autor, Urs Haldimann, ist ständiger Mitarbeiter der Beobachter-Redaktion. Er lebt in Arisdorf.

Der Autor dankt Dr. Ueli Mäder für die wissenschaftliche Beratung, der Pro Senectute Schweiz und der Stelle für Altersfragen des Migros-Genossenschafts-Bundes für ihre Unterstützung und Dokumentation sowie allen anderen Fachleuten, die mit Kritik, Anregungen und Hinweisen zu diesem Buch beigetragen haben.

Herausgeber: Der Schweizerische Beobachter, Glattbrugg
Gesamtverantwortung: Käthi Zeugin-Kobel, Zürich
Lektorat: Atelier Bodoni, Frauenfeld
Umschlag: Atelier Binkert, Regensberg
Fotos: Hans Ruedi Bramaz (58), Peter Jesse (142), Hans Peter Klauser (48), Reinhard Lutz (126), Ursula Markus (10, 72, 84, 114, 158), RDZ/Dana Press (104), Ernst Winizki (22, 38)
Gestaltung und Herstellung: Peter Zeugin, Zürich
Satz und Druck: B & K Offsetdruck GmbH, Ottersweier

© Curti Medien AG, Glattbrugg

1. Auflage 1990
2. Auflage 1991

ISBN 3 85569 107 X

Kann ein Vierzigjähriger einen Ratgeber über das Alter schreiben? Diese Frage tauchte bei der Arbeit an diesem Buch immer wieder auf – und löste sogleich eine Anschlussfrage aus: Wann wird ein Mensch alt? Eine beliebte Antwort lautet: «Der Mensch ist so alt, wie er sich fühlt.» Darin steckt viel Wahrheit. Aber dieser Satz verschleiert einige gesellschaftliche Zwänge. Zum Beispiel werden Männer mit 65 und Frauen mit 62 Jahren durch administrative Massnahmen ins Rentnerdasein befördert, ganz unabhängig von ihren Bedürfnissen und Gefühlen. Unsere Gesellschaft ist geprägt von Vorurteilen über die verschiedenen Altersgruppen: Sie bietet den 55jährigen Rollen an, die sie den 75jährigen willkürlich und unerbittlich verweigert.

Eine andere Antwort sagt: «Der Mensch beginnt zu altern, kaum ist er erwachsen.» Tatsächlich bilden sich einige Körperfunktionen schon kurz nach der Blüte der Jugend zurück. Doch werden wir wirklich alt, weil sich das Haar lichtet und die Haut erschlafft?

Vielleicht ist es gar nicht so wichtig, wie alt ein Mensch ist. Wesentlicher scheint mir die Frage, ob jemand seine Lebenschancen erkennen und nutzen kann. Jedes Alter bietet eine Fülle an Möglichkeiten und hält eine Reihe von Aufgaben und Prüfungen bereit; nur ganz wenige sind altersbedingt. Wie wir unsere Partnerschaft und die Beziehungen zu Freunden, Freundinnen oder Nachbarn gestalten, welchen Stellenwert wir der Arbeit, den Hobbys und dem Müssiggang zuordnen, in welchem Mass wir die gesellschaftlichen Verhältnisse erkennen und zu beeinflussen versuchen – dies sind Fragen, die uns auf dem ganzen Lebensweg begegnen. Was als «Altersprobleme» in Erscheinung tritt, hat immer Wurzeln, die weit in die gesellschaftliche und persönliche Vergangenheit reichen.

Fragt ein Vierzig-, Fünfzig- oder Sechzigjähriger, wann er anfangen solle, sich «mit dem Alter» zu beschäftigen, kann die Antwort deshalb nur heissen: «Jetzt.»

Urs Haldimann

Inhalt

1. Kapitel

Jung und alt

Zerbricht der Generationenpakt?

Eine alltägliche Szene im Tram: Zielstrebig steuert die ältere Dame auf den letzten freien Sitz zu. Doch schwupp, sitzt ein Schüler auf dem Platz und schaut interessiert durchs Fenster. Die Dame räuspert sich, sagt ebenso höflich wie bestimmt: «Würde es dir etwas ausmachen …?» Mit einem feindseligen Blick räumt der Bub den Platz.

Eine junge Frau gegenüber mustert die Dame: Offensichtlich war die beim Coiffeur, während normale Leute arbeiten. Dann in einem Modegeschäft. Vielleicht mit anderen Rentnerinnen im Café. Dass diese Alten unbedingt während des abendlichen Stossverkehrs tramfahren müssen. Und was die sich heutzutage alles leisten können.

An der nächsten Haltestelle sitzt der Bub wieder. Ein alter Mann, der die Szene ebenfalls beobachtet hat, brummelt etwas von «Saugofen», «Respekt» und «Dankbarkeit». Ein Leben lang hat man gekrampft und gerackert, und jetzt wird man überall von den Jungen zur Seite geschoben. Den heutigen Wohlstand hat man miterarbeitet, doch die Ernte fällt jetzt andern zu.

Die Jungen denken über die alten «Gruftis» bisweilen ganz anders: Das ist eine Generation, die mehr Gift und strahlenden Abfall produziert hat als alle früheren Generationen zusammen. Eine Generation, die verschandelte Städte, zubetonierte Landschaften und sterbende Wälder hinterlässt. Sollte man denen nicht zur Strafe die Rente kürzen?

Mit der demographischen Zeitbombe gegen den Sozialstaat?

Noch wird das Wort «Rentnerschwemme» in der Zeitung zwischen Anführungszeichen gesetzt. Der Begriff Überalterung ist hingegen schon salonfähig. Werden die Medien – nach den Milchseen und Abfallhalden – bald einmal über Greisenberge berichten, welche «die Geriatrieabteilungen der Spitäler verstopfen»?

Kein Zweifel: der Anteil älterer Menschen an der Bevölkerung nimmt in der Schweiz (wie in andern Industrieländern) zu. Am Anfang des Jahrhunderts waren 6% älter als 65, im Jahr 1985 14,1% und bis zum Jahr 2000 werden es voraussichtlich 15,8% sein. Allein in den letzten 30 Jahren dieses Jahrhunderts verdoppelt sich der Anteil der über 80jährigen Hochbetagten.

Durch die Zunahme der Lebenserwartung und die abnehmende Geburtenrate hat sich die Bevölkerungspyramide in diesem Jahrhundert in eine dickbauchige Birne verwandelt.

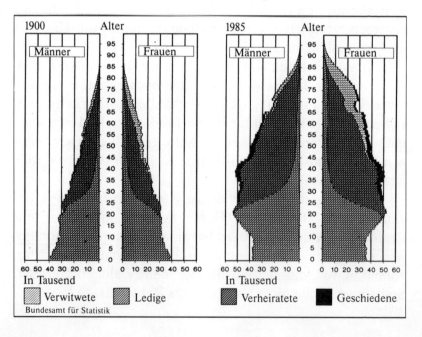

12

Ob in dieser Birne nicht der Wurm steckt? Der im Frühjahr 1990 veröffentlichte ‹Demographiebericht AHV› untersucht, ob die Renten langfristig gesichert sind. Ab dem Jahr 2005 wird die rentenberechtigte Bevölkerung rasch wachsen. Dann treten nämlich die geburtenstarken Jahrgänge ins Pensionsalter. Die Zahl der Beitragspflichtigen stagniert hingegen schon ab etwa 1995 und nimmt ab 2005 sogar ab. Zehn Männer und Frauen im aktiven Alter finanzieren gegenwärtig 2,7 AHV-Renten. Im Jahr 2040 werden sie voraussichtlich für 4,5 Renten aufkommen.

Dramatischer als die langfristig erkennbaren und lösbaren Probleme der AHV entwickeln sich die Kosten des Gesundheitswesens: Ältere Menschen sind erwartungsgemäss häufiger und vor allem länger krank als junge. 1987 betrugen die von den Krankenkassen in der Grundversicherung gedeckten Krankenpflegekosten für

Männer	unter 62	Fr.	580.– pro Jahr
Frauen	unter 62	Fr.	980.– pro Jahr
Männer	über 62	Fr.	2200.– pro Jahr
Frauen	über 62	Fr.	2500.– pro Jahr

Die über 62jährigen machten 1987 nur einen Anteil von 22,8% aller erwachsenen Versicherten aus, beanspruchten aber einen Kostenanteil von 47,4%.

Die Erwachsenen unter 62 Jahren finanzierten den älteren im Jahr 1987 bereits eine knappe Milliarde der 2,7 Milliarden Franken Krankenpflegekosten. Im Jahr 2000 wird dieser Solidaritätsbeitrag auf 2,9 Milliarden und zehn Jahre später auf 7,4 Milliarden steigen. «Die Solidarität gegenüber Altersrentnern ist bereits heute in Gefahr und droht binnen weniger Jahre zu zerfallen, wenn keine Gegenmassnahmen getroffen werden», warnte das Konkordat der schweizerischen Krankenkassen im Sommer 1988.

Solche Zahlen und Zusammenhänge stimmen nachdenklich. Aber sie zeigen nur einen Teil der Wahrheit. Selbstverständlich hat jeder heutige Rentner in seiner erwerbstätigen

Zeit mitgeholfen, die Lasten der damals Alten zu tragen. Auch die These von der Überalterung führt zu Trugschlüssen. Zwar werden immer mehr Menschen alt, doch an der Aufteilung in Erwerbstätige und Nichterwerbstätige verändert sich durch die Jahrzehnte wenig. (Zum Ausgleich gibt es weniger Kinder und Jugendliche sowie mehr erwerbstätige Frauen.) Zwar steigen die Soziallasten in einzelnen Bereichen massiv. Gleichzeitig wächst aber auch die Produktivität der gesamten Volkswirtschaft. Innerhalb eines Jahrhunderts hat sich in der Schweiz nicht nur die Lebenserwartung verdoppelt, im selben Zeitraum stieg die Kaufkraft der Durchschnittslöhne auf das Achtfache.

Viele Anzeichen deuten darauf hin, dass die künftigen Rentnergenerationen sich keineswegs damit begnügen werden, passiv den Ruhestand zu geniessen. Die «neuen Alten» sind willens und in der Lage, wichtige gesellschaftliche Funktionen und Verantwortungen zu übernehmen. Damit erbringen sie zunehmend Leistungen, die sich in Geld nicht messen lassen und die sich folglich in keiner Statistik niederschlagen.

Isolieren statt totschlagen?

«Vor allem bei Nomaden war die Ermordung alter Menschen keine Seltenheit», schreibt Reimer Gronemeyer in seinem Buch ‹Die Entfernung vom Wolfsrudel›. «Wenn sie nicht mehr mitkommen oder zur Nahrungsbeschaffung nicht mehr beitragen konnten, dann wurden sie getötet oder zurückgelassen. Bei den Eskimos wurden sie ins eiskalte Wasser geworfen, bei sibirischen Völkern hinterrücks mit einem Seehundknochen erwürgt. Teilweise scheinen die Alten mit der Tötung einverstanden gewesen zu sein, teilweise haben sie sich dagegen gewehrt. Manchmal wurden sie im Rahmen eines grossen gemeinsamen Festes getötet, manchmal kam der Tod plötzlich und hinterrücks.»

In allen Zeiten und Kulturen wurde die soziale Anerkennung der Alten stark geprägt durch ihre Stellung im Produktionsprozess. Solange in einer Gemeinschaft vor allem körperliche Kraft für das Überleben (Jagen, Kämpfen, Beschaffen von Nahrung und Kleidung usw.) nötig war, hatten die Alten einen schweren Stand. Verfügten sie hingegen über nützliche zivilisatorische Kenntnisse und Erfahrungen, stieg ihr Ansehen.

Sehr unterschiedlich erlebten die Alten aus verschiedenen sozialen Klassen ihren Lebensabend. In Genf zum Beispiel erreichten im 17. Jahrhundert 30% der Oberschicht und des mittleren Bürgertums des 60. Altersjahr. Von den Kleinbürgern und Handwerkern waren es 17%. Von den Angehörigen der Unterschicht 10%. Kaufleute, Goldschmiede oder Baumeister konnten bis ins hohe Alter ihre Erfahrungen und persönlichen Beziehungen nutzbringend einsetzen. Dazu verschaffte ihnen das zu vererbende Vermögen Einfluss. Weniger geachtet wurden hingegen Arbeiter oder Mägde, die, wenn ihre körperlichen Kräfte nachliessen, nur noch eine Last darstellten.

Im Kanton Bern – so berichtet die Geschichtsprofessorin Beatrix Mesmer – schickten viele Gemeinden, die über wenig Armengut verfügten, ihre mittellosen Alten auf den sogenannten Umgang. «Sie mussten dann reihum von den Haushaltungen verpflegt und untergebracht werden.» Vom ausgehenden 18. Jahrhundert an wurden sie verdingt, also gegen Entgelt aus der Armenkasse einem Haushalt in Kost und Logis gegeben.

Selbst der bäuerliche Drei-Generationen-Haushalt wird laut Mesmer in der Rückschau allzu romantisch gesehen. «Es wurde bis aufs Mäss Korn und aufs Scheit Holz genau festgelegt, was ein abgetretener Bauer oder eine alte Witwe aus der Wirtschaft beziehen konnte, in welcher Stube sie wohnen und ob sie den Kochherd mitbenutzen durften. Auf diese Weise wurde nach Möglichkeit den zu erwartenden Streitigkeiten vorgebeugt. Es kann keine Rede davon sein, dass die Alten sich darauf verlassen konnten, liebevoll in der Familie ihrer Kinder oder Verwandten aufgenommen zu werden.» Die gesellschaftlichen Umwälzungen infolge der Industrialisierung schafften neue Hindernisse für die Betreuung der Alten durch die jungen Familien. Viele Söhne und Töchter verliessen Hof und Dorf in Richtung Stadt. Arbeit, Wohnen und Freizeit wurden abgesonderte Lebensbereiche. Die Welt der Erwachsenen und der Kinder trennte sich.

Je schneller sich das Wissen verbreitet und je mehr die Wirtschaft von Innovationen lebt, desto früher gehören die älteren Menschen zum alten Eisen. Im Zeitalter des Computers – so erfahren jetzt manche Ältere – trübt Erfahrung offenbar bloss noch den Blick fürs Neue.

Einige Werte der modernen Gesellschaft wie individuelle Selbstverwirklichung, Unabhängigkeit, starke Betonung der Leistung und unbegrenzte Erfüllung der Konsumwünsche zeigen gegenüber dem Alter deutlich ihre Kehrseite. Das Bedürfnis nach beruflicher Karriere und privater Entwicklung ist schwer zu verbinden mit der Pflege gebrechlicher Familienmitglieder. Nachbarschaftliche Hilfe hat – aus denselben Gründen, aber auch infolge der hohen Mobilität und der zunehmenden Anonymisierung unserer Gesellschaft – ihre Basis verloren. Daher wird die Betreuung der Alten vermehrt an soziale Institutionen delegiert.

Das Verhältnis zwischen den Bevölkerungsgruppen im erwerbsfähigen Alter und den Rentnern ist geprägt von tatsächlichen und vermeintlichen Widersprüchen. Die Rentner werden zahlreicher. Sie gewinnen – besonders wenn sie sich zusammenschliessen – an politischer Macht. Die Stimm- und Wahlbeteiligung der über 65jährigen liegt in der Regel deutlich über derjenigen der 20- bis 40jährigen. In vielen Abstimmungen trug eine Mehrheit der Rentner dazu bei, von den Jungen eher erwünschte Veränderungen zu verhindern (Arbeitszeitverkürzungen, Zivildienst, Armeeabschaffung).

Rentnerorganisationen erfreuen sich gegenwärtig grossen Zulaufs. Die 1988 gegründete ‹Parlamentarische Gruppe für Rentnerfragen› umfasste schon nach wenigen Monaten über 100 National- und Ständeräte. Dazu kommt die deutlich gewachsene wirtschaftliche Potenz der Rentner. Ein Teil von ihnen ist finanziell wesentlich besser gestellt als zum Beispiel junge Familien oder alleinerziehende Mütter. Andrerseits gibt es deutliche Tendenzen, die Alten (wie andere nicht in den Produktionsprozess integrierte Randgruppen) in besondere Ghettos abzudrängen. Augenfällig sind die prächtigen Altersheime im Grünen aus den sechziger und siebziger Jahren. Still und heimlich vollziehen sich auch im normalen Wohnungsmarkt altersspezifische Umschichtungen. In Zürich-Hirslanden oder Wollishofen zum Beispiel leben 27% Senioren, in Affoltern hingegen nur 12%. Städte wie Bern, Luzern oder Solothurn haben einen Rentner-Anteil von über 20%. In jungen, aufstrebenden Agglomerationsgemeinden wie Greifensee, Ettingen oder Romanel-sur-Lausanne liegt er zwischen 3,6 und 5%. In den letzten Jahren sind Tausende von Pensionierten aus der Deutschschweiz ins sonnigere Tessin gezogen. An der spanischen Mittelmeerküste bilden sich Siedlungen mit deutschen und schweizerischen Jungrentnern.

Zur räumlichen kommt die zeitliche Ausgliederung. Verschiedene städtische Verkehrsbetriebe schufen besonders günstige Altersabonnemente, die während den Stosszeiten nicht gültig sind. Die SBB zogen von 1983 bis 1986 mit einem Altersabo für die flauen Tage (Montag bis Donnerstag) nach. Manche Kinos bieten den AHV-Bezügern Ermässigung für die schlecht besuchten Nachmittagsvorstellungen. Werden die Rentner dereinst mit einem «Altersrabatt» während den umsatzschwachen Nachmittagsstunden in den Supermarkt gelockt? Die Alters-Apartheid wird schleichend eingeführt, und oft taucht sie mit einer sozialen Tarnkappe auf. Seniorenturnen, Seniorenuniversitäten, Seniorenausflüge, viel wird massgeschneidert für die Bedürfnisse der Senioren. Dabei bleibt oft schleierhaft, weshalb Alte nicht mit Jungen jassen, wandern, modellieren oder französisch konversieren können.

Leben und Umwelt gestalten

Die Welt – mit all ihren Umwelt-, Drogen- und Flüchtlings-
problemen – ist weitgehend das Produkt der älteren Generationen. Sollen sie sich jetzt zufrieden auf das Ofenbänkli
zurückziehen und passiv zusehen, wie die nachfolgenden
Generationen die Suppe auslöffeln? Ein gefährliches Bild.
Begriffe wie «Ruheständler» oder «lustige Senioren» (die
kurz vor dem Abtreten ohne Rücksicht auf Verluste nochmals
kräftig abrahmen) eignen sich zum Feindbild.

Obwohl die Sozialausgaben in der Schweiz – verglichen
mit andern Industrieländern – bescheiden sind, droht jede
Verbesserung sozialer Leistungen, die über Lohnprozente
oder Prämien finanziert wird, an der bröckelnden Generatio-
nensolidarität zu scheitern. «Das Prinzip des grösstmöglichen
Konsums ist das letzte Bindeglied zwischen den Generationen», bedauert Reimer Gronemeyer. Was wird geschehen,
wenn sich die ökologische Krise zuspitzt oder eine wirtschaftliche Rezession ausbricht?

Kommt es dann zu einem Krieg der Generationen? Die
Gefahr einer zunehmenden Konfrontation zwischen Erwerbstätigen und Rentnern kann nicht von der Hand gewiesen werden. Dennoch gibt es gute Gründe dagegen: Die älteren Generationen tragen keine Kollektivschuld für die Mängel der beste-
henden Gesellschaft und die ökologischen Altlasten. Bei nähe-
rem Zusehen gab und gibt es in jeder Generation Verantwor-
tungslose und Engagierte, Konservative und Veränderungswil-
lige, Arme und Reiche, Mächtige und Einflusslose. Wenn sich
junge Mütter, Studenten und Altersrentner gegenseitig die Sozialleistungen streitig machen, entstehen falsche Fronten.

Die Senioren sollten sich nicht ins Abseits begeben oder
drängen lassen. Denn wer Respekt beansprucht – und ein ansehnliches Stück vom Kuchen –, hat sich um die Gestaltung
der Gegenwart und Zukunft zu kümmern. Dies geschieht mit
Vorteil in einem generationenübergreifenden Zusammen-

hang: in Parteien, Quartiergruppen, Bürgerbewegungen, sozialen Institutionen, Vereinen, Bildungsveranstaltungen oder in der gegenseitigen nachbarschaftlichen und familiären Unterstützung. «Geborgen fühlt sich, wer etwas dafür tut», schreibt der Basler Soziologe Ueli Mäder. «Heimat findet in der bewussten Wahrnehmung und Beeinflussung der Umgebung statt. Es gibt keine Alternative zum Engagement.»

Manchmal glaube ich, dass sie auf uns Junge eifersüchtig sind

Was denken Schülerinnen und Schüler über «die Alten»? Was imponiert ihnen an der Grosseltern-Generation? Was nervt sie? Eine Handelsschulklasse aus Münchenstein hat für dieses Buch Eindrücke aufgeschrieben.

«Man muss an einem Menschen nicht die Stirnrunzeln zählen, damit man merkt, dass er alt ist, dass er schon viel erlebt hat, dass er Dinge weiss, die wir Jungen noch gar nicht wissen können. Es ist der Ausdruck, die Ausstrahlung, die mich bei den alten Menschen fasziniert, ein Ausdruck von Zufriedenheit, Herzlichkeit, Müdigkeit, Unzufriedenheit, Bosheit, ja vielleicht sogar von Hass.» (Michael, 18)

«Oft sind sie gegenüber uns Jugendlichen aggressiv, weil sie meinen, sie hätten alle Rechte und wüssten alles besser.» (Andrea, 17)

«Die Alten haben Angst, dass wir Jugendliche kein guter ‹Nachwuchs› seien, um sie zu ersetzen, wenn sie einmal nicht mehr da sind.» (Alex, 16)

«Natürlich gibt es zwei Sorten von älteren Menschen. Die einen sind freundlich und liebenswürdig, die andern sind dauernd schlecht aufgelegt und reklamieren. Aber ich glaube, das liegt nicht am Alter.» (Simone, 17)

«Ich glaube, dass die alten Menschen ein bisschen eifersüchtig sind, weil die Jungen mehr Freiheit und Freizeitmöglichkeiten haben und weil wir mehr Entscheidungen über unser Leben treffen dürfen.» (Roger, 17)

«Ein gutes Vorbild ist meine Grossmutter. Sie ist 67 Jahre alt, und sie lebt mit der Zeit. Sie kommt mit uns ins McDonald's, geht mit uns schwimmen. Wir könnten sie jederzeit besuchen, und sie würde mit uns kommen, wohin wir wollten.» (Michèle, 16)

«Junge und Alte sollten versuchen, sich in die Rolle der andern zu versetzen: ‹Wie werde ich sein, wenn ich alt bin?› oder ‹Wie war ich als Teenager?›» (Simone, 17)

«Mir imponieren alte Leute, die zusammen Ausflüge machen oder in Vereinen aktiv bleiben. Ich finde es auch gut, wenn sie sich für die heutige Mode oder Musik interessieren und sich getrauen, Neues zu probieren.» (Simone, 17)

«Eines Abends sass ich todmüde im Tram. Plötzlich packte mich jemand am Arm. Erschrocken drehte ich mich um und blickte in das wütende Gesicht eines älteren Herrn. Ob ich denn nicht aufstehen könne, wenn ein alter Mann ins Tram steige, schrie er mich an.» (Natalie, 16)

«Stimmt es wirklich, dass wir Jugendliche eine Bande wildgewordener Verbrecher sind und dass die Alten alles langweilige, ständig nörgelnde Typen sind?» (Christoph, 17)

«Ich gehe oft zu meiner Grossmutter und erledige die Einkäufe. Manchmal kochen wir zusammen und reden über alles mögliche. So habe ich viel von ihrer Jugendzeit erfahren.» (Sandra, 19)

«Was ich mir vornehme für das Alter: Ich möchte informiert sein über die Probleme der Jugend. Ich will meine freie Zeit nutzen für interessante Hobbys. Ich will versuchen, fit zu bleiben und Fröhlichkeit auszustrahlen. Ich möchte nicht nur am Alten festhalten. Ich möchte andere Menschen nicht belästigen mit Reden über Leiden.» (Christoph, 18)

2. Kapitel

Geld

Wie goldig wird der Lebensabend?

«Als erstes machen wir nach der Pensionierung eine Weltreise», verkündet Herr X. an seinem 64. Geburtstag vor versammelter Familie. «Wenn wir dann braungebrannt zurückkehren», ergänzt Frau X. lachend, «brauchen wir auch zu Hause einen Tapetenwechsel: die alten Polstermöbel kommen endlich ins Brockenhaus.» Niemand ist soviel daheim wie die Senioren. Da braucht man eine hübsche Wohnungseinrichtung. «Nichts da, mit zu Hause sitzen!» widerspricht Herr X. «Wozu lerne ich Italienisch? Im Herbst tuckern wir durch die Toscana.» Vorher wird noch ein bequemeres Auto angeschafft. «Und nachher erholt ihr euch bei einer Badekur von den Strapazen», wirft eine Tochter ein. «Trinkkur», korrigiert Herr X. «Womit wir beim neuen Weinkeller wären. Schliesslich braucht der Pensionär ein Hobby.»

Lustig ist das Seniorenleben, vermittelt diese nicht ganz wahre Geschichte. Im wirklichen Leben müssen hingegen viele ältere Menschen mit einem spitzigen Bleistift rechnen.

Vorsorge mit drei Säulen

Mit der Pensionierung verändern sich die Lebensverhältnisse grundlegend. Neue oder während der Berufstätigkeit zu kurz gekommene Bedürfnisse tauchen auf. Es ist eine Zeit, um Pläne zu schmieden, Vorsätze zu fassen und noch einige Träume zu verwirklichen. Damit's kein böses Erwachen gibt, sollten aber die finanziellen Verhältnisse frühzeitig, gründlich und langfristig überprüft werden.

Die Altersvorsorge beruht in der Schweiz auf dem sogenannten Drei-Säulen-Prinzip:

• Die AHV (1. Säule) und allfällige staatliche Ergänzungsleistungen decken den «Existenzbedarf».

• Die Einrichtungen der beruflichen Vorsorge, die Pensionskassen (2. Säule), ermöglichen laut Bundesverfassung «die Fortsetzung der gewohnten Lebenshaltung in angemessener Weise».

• Die individuellen Ersparnisse (3. Säule) decken einen momentanen Spitzenbedarf (zum Beispiel für Wohnungswechsel, Autokauf, bei gesundheitlichen Problemen usw.) und ermöglichen die Erfüllung von Sonderwünschen.

Nebst diesen drei Säulen verfügen manche Rentnerinnen und Rentner über:

– Erwerbseinkommen
   (siehe auch 4. Kapitel, Seite 49)
– Finanzielle Zuschüsse von Angehörigen

AHV

Die Alters- und Hinterlassenen-Versicherung (AHV) ist eine obligatorische Volksversicherung. Sie basiert auf dem Umlageverfahren. Das heisst: Die «aktive Generation» finanziert via Prämien jeweils die Renten der Pensionierten. Der Solidaritätsgedanke bestimmt das Verhältnis zwischen den Generationen. Zudem findet zwischen Armen und Wohlhabenden ein Ausgleich statt: Wer in seinem Leben nur bescheidene Beiträge zahlen konnte, erhält in der Regel mindestens halb soviel Rente wie ein Spitzenverdiener, der ein Vielfaches an Prämien abgeliefert hat.

Die Höhe der AHV-Rente richtet sich nach folgenden Faktoren:

- Anzahl der Beitragsjahre
- Summe des gesamten Erwerbseinkommens während sämtlicher Beitragsjahre

Beitragslücken entstehen, wenn jemand – zum Beispiel wegen eines längeren Auslandaufenthaltes oder während einer Ausbildung – in einem oder mehreren Jahren keine Beiträge an die AHV abgeliefert hat. (Ausnahme: nicht erwerbstätige Ehefrauen und Witwen müssen keine Prämien zahlen.) Wer Beitragslücken hat, erhält anstelle der Vollrente eine anteilsmässig gekürzte Teilrente. Seit 1990 wird eine Beitragslücke von ein bis drei Jahren in der Zeit vor 1979 ohne Kürzung toleriert, wenn während 20 bis 34 Jahren Prämien bezahlt wurden. Versäumte Beiträge (etwa von Weltenbummlern) können auf fünf Jahre zurück nachbezahlt werden.

Wer sich vorzeitig pensionieren lässt, muss bis zum ordentlichen Rentenalter Prämien als Nichterwerbstätiger bezahlen. Frührentner, die im Ausland leben, sollten dies in der «freiwilligen AHV» tun, um spätere Rentenkürzungen zu vermeiden.

Der Bundesrat passt die AHV-Renten in der Regel alle zwei Jahre mit einem Mischindex den Löhnen und Lebenskosten an. Ab Anfang 1992 gelten folgende Renten:

Einfache Altersrente   Fr.   900.– bis 1800.–
(für Männer über 65 und Frauen über 62 Jahren, sofern kein Anspruch auf Ehepaarrente besteht)

Ehepaar-Altersrente   Fr. 1350.– bis 2700.–
(wenn der Ehemann 65 Jahre alt ist und die Ehefrau über 62 oder 50% invalid)

| Zusatzrente | Fr. 270.– bis 540.– |

(für Ehefrauen zwischen 55 und 62 Jahren als Ergänzung zur einfachen Altersrente des Ehemannes)

| Einfache Kinderrente | Fr. 360.– bis 720.– |

(für Kinder von AHV-Rentnern bis zum 18. Altersjahr, wenn in Ausbildung bis zum 25. Altersjahr)

An Altersrentner, die «in schwerem Grade hilflos» sind und täglich Betreuung bei der Toilette, beim Ankleiden und beim Essen brauchen, zahlt die AHV (nach einem Jahr Wartefrist) monatlich bis 720 Franken Hilflosenentschädigung. Ausserdem finanziert sie Hilfsmittel wie Prothesen, Hörgeräte oder orthopädische Schuhe.

Ergänzungsleistungen

Die AHV ist weit vom verfassungsmässigen Auftrag entfernt, «den Existenzbedarf angemessen zu decken». Wer keine anständige Rente aus der beruflichen Vorsorge erhält oder im Lauf seines Lebens kein Vermögen bilden konnte, müsste – allein mit einer AHV-Rente – bald einmal am Hungertuch nagen.

AHV-Rentnerinnen und -Rentner, die eine bestimmte Einkommensgrenze unterschreiten, haben einen Rechtsanspruch auf Ergänzungsleistungen (EL). Noch immer verzichten Tausende von Berechtigten aus falscher Scham oder weil sie nicht genügend informiert sind auf diese Leistungen und schenken dem Staat damit jährlich über 30 Millionen Franken.

Ergänzungsleistungen werden individuell durch die kantonale Ausgleichskasse (BS: Amt für Sozialbeiträge) beziehungsweise die Gemeinde-AHV-Stelle (ZH) berechnet. Massgebend ist das Einkommen, abzüglich begrenzte Auslagen für Wohnungsmiete und Nebenkosten, Krankheitskosten, spitalexterne Dienste usw. Wer nach dieser Berechnung ein Netto-Einkommen von weniger als 15 420 Franken (Alleinstehende) oder 23 130 Franken (Ehepaare) ausweist, hat Anspruch auf Ergänzungsleistungen. Vergütet wird die Differenz, bis eben die obigen Einkommensgrenzen erreicht sind. Achtung: Für kommunale und kantonale Ergänzungsleistungen (etwa in der teuren Stadt Zürich) bestehen grosszügigere Regelungen. Auch Pensionäre von Alters- und Pflegeheimen erhalten EL, wenn ihr Einkommen nicht ausreicht.

Ergänzungsleistungen werden nicht rückwirkend ausbezahlt, und zu Recht bezogene EL müssen nicht zurückbezahlt werden. Zuwendungen von Angehörigen schmälern die Ergänzungsleistungen nicht. Ein bescheidenes Vermögen (25 000 Franken für Alleinstehende und 40 000 Franken für Ehepaare) bleibt unberücksichtigt. Vermögen über dieser Freigrenze werden hingegen zu einem Zehntel als Einkommen angerechnet, bei Heimbewohnern je nach Kanton bis zu einem Fünftel. Aufgepasst: Vermögen, das verschenkt wurde, wird ebenfalls in die EL-Berechnung einbezogen.

Zusätzlich zu den eidgenössischen EL richten einige Kantone und Gemeinden Beiträge aus. Sie tragen damit den sehr unterschiedlichen Lebenskosten Rechnung.

Nebst den AHV-Stellen sind die Pro Senectute-Beratungsstellen beim Abklären von Ansprüchen auf Ergänzungsleistungen und beim Ausfüllen der komplizierten Antragsformulare behilflich.

Berufliche Vorsorge
Seit 1985 ist neben der AHV auch die berufliche Vorsorge für die meisten Arbeitnehmerinnen und Arbeitnehmer obligatorisch. Gegenwärtig sind in rund 17 000 Pensionskassen und anderen Vorsorgeeinrichtungen über zwei Millionen Personen gegen die Risiken von Tod und Invalidität versichert und sparen für die Zeit nach der Pensionierung. Die zweite Säule funktioniert – anders als die AHV – nach dem Kapitaldeckungsverfahren. Was die jetzt erwerbstätige Generation an Beiträgen einbringt, wird möglichst sicher und ertragreich angelegt, damit es dereinst die Renten finanzieren möge.

Laut Bundesverfassung sollte die zweite Säule zusammen mit den Leistungen der AHV «die Fortsetzung der gewohnten Lebenshaltung» ermöglichen. Konkret soll ein Alleinstehender 60% des früheren Erwerbseinkommens erhalten, Ehepaare aufgrund der höheren AHV-Rente bis 80%. Die Wirklichkeit ist allerdings in den meisten Fällen noch weit von diesen Zielen entfernt.

Probleme schafft die vor 1959 geborene Eintrittsgeneration, welche die volle Beitragsdauer von 40 Jahren (Männer) beziehungsweise 37 Jahren (Frauen) bis zur Pensionierung nicht erreichen wird.

In der beruflichen Vorsorge ist nur die Lohnsumme zwischen der einfachen maximalen AHV-Rente und dem dreifachen Betrag davon (Ab 1992: 21 600 bis 64 800 Franken) obligatorisch versichert. Der Betrag bis 21 600 Franken ist durch die zu erwartende AHV-Rente abgedeckt. Der allfällige Lohn über 64 800 Franken gehört in den überobligatorischen Bereich. Nur für die obligatorischen Beiträge im obligatorischen Bereich ist die Freizügigkeit gesetzlich geregelt. Für den überobligatorischen Bereich sind die Pensionskassen-Reglemente massgebend. Die gesetzlich vorgeschriebene Freizügigkeit bei einem Stellenwechsel umfasst nur jenen Teil der Arbeitnehmer- und Arbeitgeber-Beiträge, der für die Altersvorsorge bestimmt ist. Im überobligatorischen Bereich müssen ältere Arbeitnehmer bei einem Stellenwechsel im ungünstigsten Fall oft Zehntausende von Franken in der alten Vorsorgeeinrichtung zurücklassen.

Entscheidend für die zu erwartende Leistung ist die Frage, ob eine Pensionskasse nach dem Beitrags- oder nach dem Leistungsprimat funktioniert:
• Beim Leistungsprimat sind die Renten festgelegt. Die Prämien von Arbeitnehmern und Arbeitgebern werden so berechnet, dass sie bei einer vollständigen Beitragsdauer die Renten decken. Wer infolge vorgerückten Alters (Eintrittsgeneration) nicht auf 40 (für Frauen 37) Beitragsjahre kommt, muss sich für den Fehlbetrag je nach Reglement einkaufen oder eine Rentenkürzung in Kauf nehmen. Auch Lohnerhö-

hungen mit entsprechend höheren Rentenleistungen erfordern Einkaufssummen.

• Anders verhält es sich beim Beitragsprimat. Je nach Alter zahlen die Versicherten (und mindestens zur Hälfte die Arbeitgeber) 7 bis 18% vom versicherten Lohn. Dazu kommen Prämien für die Abdeckung des Todesfall- und Invaliditätsrisikos sowie Beiträge an die Sicherheitsfonds. Die geäufneten Altersguthaben werden zu mindestens 4% jährlich verzinst. Bei der Pensionierung wird das gesamte Alterskapital entweder ausbezahlt oder in eine Jahresrente von zur Zeit mindestens 7,2% umgewandelt. Wer erst kurz vor dem Rentenalter in eine solche Pensionskasse eingetreten ist, hat natürlich wenig Altersguthaben und eine entsprechend bescheidene Rente zu erwarten.

Private Altersvorsorge
Mit der Verankerung des Drei-Säulen-Prinzips in der Bundesverfassung legte das Schweizervolk 1972 nicht nur den Grundstein für einen kräftigen Ausbau von AHV und beruflicher Vorsorge, sondern beauftragte den Bund auch, die Selbstvorsorge durch «Massnahmen der Fiskal- und Eigentumspolitik» zu fördern. Viel ist daraus bis heute nicht geworden.

Im Rahmen des «gebundenen Vorsorgesparens» (3. Säule) können

– Arbeitnehmer und Selbständigerwerbende mit 2. Säule bis maximal   Fr. 4608.–
– Arbeitnehmer und Selbständigerwerbende ohne 2. Säule 20% des Erwerbseinkommens bis maximal   Fr. 23040.–

jährlich auf einem Vorsorgekonto einer Bank oder Versicherungsgesellschaft anlegen und bei den direkten Steuern von Bund, Kantonen und Gemeinden vom Einkommen abziehen (Stand 1991). Frühestens fünf Jahre vor Erreichen des AHV-Rentenalters kann über das so gesparte Kapital verfügt werden. Kapital und Zinsen sind während der Dauer der Vorsorgevereinbarung von Einkommens- und Vermögenssteuern

29

befreit. Bei der Auszahlung muss das Kapital zum günstigen Rententarif als Einkommen versteuert werden.

Ob sich das steuerbegünstigte Sparen in der gebundenen Vorsorge lohnt oder ob Ersparnisse in eine Lebensversicherung, in Obligationen, Aktien, Immobilien usw. angelegt werden sollten, muss aufgrund der individuellen Bedürfnisse und Möglichkeiten bestimmt werden.

Fürsorge und Verwandtenunterstützung

Dank AHV und Ergänzungsleistungen ist die materielle Existenz auch derjenigen älteren Menschen weitgehend gesichert, die nie auf Rosen gebettet waren. Nur in Ausnahmefällen (etwa bei ungedeckten Unfall- oder Krankheitskosten oder hohen begründbaren Mietzinsen) muss die Fürsorge bemüht werden. Auf deren Leistungen besteht ein gesetzlicher Anspruch. Wer mit AHV und Ergänzungsleistungen nicht zurechtkommt, sollte sich deshalb ohne Hemmungen an die Fürsorge- oder Sozialberatungsstelle seiner Wohngemeinde oder an die Beratungs- und Geschäftsstellen von Pro Senectute wenden. Diese leisten in einzelnen Fällen ebenfalls finanzielle Hilfe.

Zahlungen der Fürsorge müssen unter bestimmten Voraussetzungen zurückerstattet werden (zum Beispiel, wenn der oder die Begünstigte eine Erbschaft antreten kann). Auch kann die Fürsorgebehörde – gestützt auf Artikel 328 und 329 des Zivilgesetzbuchs – die Nachfahren (und Geschwister, die sich «in günstigen Verhältnissen befinden») zur Unterstützung verpflichten. Der Anspruch wird gegen die Pflichtigen in der Reihenfolge ihrer Erbberechtigung geltend gemacht. Die persönlichen Verhältnisse der Betroffenen müssen dabei berücksichtigt werden.

Das helvetische Drei-Säulen-Prinzip gewährleistet den meisten Rentnerinnen und Rentnern finanziell befriedigende bis gute Verhältnisse. Dies bedeutet aber keineswegs, dass das System nicht bedeutende Mängel hätte:

• Die AHV behandelt verheiratete Frauen als Anhängsel ihres Ehemannes. Weicht die Wirklichkeit von diesem längst überholten Rollenverständnis ab (Hausmann, erwerbstätige Frau) oder wird eine Ehe geschieden, führt dies oft zu völlig ungerechten Lösungen. Alleinerziehende, die neben der (von der AHV nicht erfassten) Haus- und Erziehungsarbeit nur teilzeitlich Erwerbsarbeit leisten, erhalten entsprechend kleine Renten.

Im Rahmen der 10. AHV-Revision wurde eine zivilstands- und geschlechtsunabhängige Rentenberechnung für alle gefordert. Der Bundesrat trat in seiner Botschaft nicht auf diese Frauenpostulate ein, schlug hingegen die Möglichkeit eines vorgezogenen Rentenbezugs ab dem 62. Altersjahr für die Männer vor – mit einer bis zum Lebensende dauernden Kürzung der Renten um 6,8% pro Jahr.

• Die Pensionskassen und anderen Einrichtungen der 2. Säule verfügten 1991 über Vermögen von über 225 Milliarden Franken. Die Anlage eines Teils dieser gigantischen, langfristig gebundenen Mittel im Immobilienmarkt hat stark zum Preisauftrieb für Boden und Häuser in den achtziger Jahren beigetragen. Ende 1989 beschränkte die Bundesversammlung mit Notrecht den Drang der institutionellen Anleger zum Boden.

• Die mangelnde Freizügigkeit vieler Pensionskassen, die berüchtigten «goldenen Fesseln», behindern nicht nur die betroffenen Mitarbeiterinnen und Mitarbeiter, sondern hemmen zunehmend eine nach Mobilität rufende Wirtschaft. Die vom Kaufmännischen Verein 1989 eingereichte Volksinitiative für volle Freizügigkeit findet deshalb breite Unterstützung.

Die 1990 von Gewerkschaften und Linksparteien lancierte AHV-Initiative will die AHV ausbauen (Erhöhung der Renten um mindestens 400 Franken) und dafür die Leistungen der beruflichen Vorsorge abspecken.

Der Schweizerische Rentnerverband, Basels Graue Panther und die Rentnergewerkschaft der Romandie wollen mit einer Volksinitiative den «vollen Teuerungsausgleich bei laufenden Renten der beruflichen Vorsorge» (Pensionskassen) durchsetzen.

Eine radikale Idee hat die Grüne Partei der Schweiz (GPS) anfangs 1990 aufgegriffen. Sie möchte AHV, Pensionskassen, Arbeitslosenunterstützung, Fürsorge und weitere Sozialwerke durch ein staatlich garantiertes Mindesteinkommen für jede erwachsene Person ersetzen. Zu finanzieren wäre dieses System nicht durch Lohnprozente, sondern durch Umsatzsteuern oder ökologische Lenkungsabgaben.

Das Modell stammt ursprünglich vom neoliberalen Nobelpreisträger Milton Friedman. Es bezweckt einen Abbau der staatlichen Bürokratie. Wer immer in der leistungs- und konkurrenzorientierten Gesellschaft nicht mithalten kann (Alte, Behinderte, Kranke, alleinstehende Mütter, schlechtqualifizierte Arbeitslose) oder will (Aussteiger) wird mit einem staatlich gewährten Mindesteinkommen auf niederem Niveau zufriedengestellt.

Armut in der reichen Schweiz?

Das Vorurteil «alt = arm und hilfsbedürftig» ist längst überholt. An seine Stelle ist ein neues getreten: «Den Alten geht es im Durchschnitt ganz gut.» Das neue Klischee von den munteren, konsumfreudigen und aktiven Senioren ist wie das alte nur zur Hälfte richtig. Der statistische Durchschnitt lenkt nämlich ab von einem wesentlichen Teil der gesellschaftlichen Wirklichkeit:

In der Schweiz besitzen die reichsten 5% der Bevölkerung weit über die Hälfte aller Vermögen. Die ärmsten 50% der Bevölkerung haben hingegen fast nichts (2%). Die einseitige Verteilung der Vermögen – verbunden mit ähnlichen Unterschieden bei den Einkommen – zeigt im Alter drastische Folgen.

1990 waren 115000 Rentnerinnen und Rentner auf Ergänzungsleistungen angewiesen, um den materiellen Existenzbedarf zu decken. Dazu kommen Tausende von Armen, die nichts von Ergänzungsleistungen wissen oder ihre Ansprüche aus Scham nicht geltend machen, sowie viele Pflegebedürftige, die von der Fürsorge unterstützt werden. Diese Menschen können sich ernähren, kleiden und haben ein Dach über dem Kopf. Doch ist damit die Armut gebannt? «Arm ist derjenige, der sich ständig oder vorübergehend in einer Situation der Schwäche, der Abhängigkeit oder der Erniedrigung befindet, in einer nach Zeit und Gesellschaftsform unterschiedlich geprägten Mangelsituation, einer Situation der Ohnmacht und gesellschaftlichen Verachtung», schreibt der Sozialwissenschaftler Michel Mollat. «Dem Armen fehlen Geld, Beziehungen, Einfluss, Macht, Wissen, technische Qualifikation, ehrenhafte Geburt, physische Kraft, intellektuelle Fähigkeit, persönliche Freiheit, ja Menschenwürde.»

Die Autorin und die Autoren des Buches ‹Armut in der reichen Schweiz› weisen auf die Zusammenhänge verschiedener armutsfördernder Faktoren hin. Wenig Geld haben ist nur einer davon, wenn auch ein wichtiger. Eine alte Frau, die jeden Batzen zweimal umdrehen muss, bevor sie ihn ausgibt, wird wenig reisen, kulturelle Veranstaltungen besuchen, an geselligen Treffen teilnehmen, Zeitschriften und Bücher kaufen. Dass sie am üppigen Konsum der sogenannten aktiven Bevölkerung nicht teilhaben kann, verursacht Gefühle des Versagens, der Minderwertigkeit, des Ausgeschlossenseins. Die vom Hauseigentümer verordnete Renovation der Wohnung und der damit verbundene Mietzinsaufschlag brechen wie eine Naturkatastrophe über die AHV-Rentnerin herein. Im angestammten Wohnquartier findet sie keinen günstigen Ersatz. Soziale Wurzeln, nachbarschaftliche Beziehungen, ein Stück Heimatgefühl gehen verloren. Resignation macht sich breit. Der Verlust von Angehörigen oder körperliche Behinderungen werden seelisch kaum mehr verkraftet. Einsamkeit und Verbitterung verschliessen die Möglichkeiten, am gesellschaftlichen Leben mitzuwirken, neue Erfahrungen zu machen, Solidarität zu erleben, sich immer wieder neu zu orientieren.

Verschiedene Untersuchungen zeigen deutlich, wie die verschiedenen Armutsfaktoren praktisch zusammenwirken. Wenig Bemittelte sind eher krank, pflegebedürftig, psychisch desorientiert als Gutsituierte. Kurz: die Armen altern schlechter. Überdurchschnittlich viele alte Menschen (neben ganz jungen, alleinerziehenden Müttern und Arbeitslosen) leben in der Nähe der Armutsgrenze. Mit zunehmendem Alter, wenn Ersparnisse aufgezehrt sind, unzureichende Pensionen durch die Inflation ausgehöhlt wurden und gesundheitliche Beschwerden zusätzliche Kosten verursachen, steigt das Risiko, umfassend zu verarmen.

Wieviel Geld nach der Pensionierung?

Wer sich vor der Pensionierung einen genauen Überblick über die zu erwartenden finanziellen Verhältnisse machen will, stösst auf beträchtliche Schwierigkeiten. Die folgenden Erläuterungen helfen, einige Probleme zu klären und ein Budget zu erstellen.

Wie hoch wird meine/unsere AHV-Rente sein?

Lassen Sie sich von der AHV-Ausgleichskasse, bei der Sie oder Ihr Arbeitgeber zuletzt Beiträge einbezahlt haben (siehe AHV-Versicherungsausweis), gegen zwölf Franken Gebühr sämtliche «individuellen Konti» zusammenrufen. Daraus ersehen Sie die Anzahl der Beitragsjahre und die Höhe des Erwerbseinkommens, auf dem Prämien entrichtet wurden. Anhand der Tabelle ‹Aufwertungsfaktoren› (siehe Seite 184 im Anhang) wird das teuerungsbereinigte durchschnittliche Jahreseinkommen ermittelt. Die Tabelle ‹Monatsrenten› (siehe Seite 183 im Anhang) gibt Auskunft über die entsprechende Rente. Beitragslücken verursachen eine anteilmässig reduzierte Teilrente.

Erhalten Sie neben der AHV-Rente keine oder eine ganz bescheidene Pension und verfügen Sie über kein grosses Vermögen, so klären Sie bei Ihrer örtlichen AHV-Ausgleichsstelle ab, ob Sie Anspruch auf Ergänzungsleistungen haben.

Wird die AHV-Rente automatisch ausbezahlt?

Nein. Melden Sie sich zwei bis drei Monate vor Erreichen des Rentenalters bei der zuständigen AHV-Ausgleichskasse oder AHV-Zweigstelle der Gemeinde an. Ehefrauen können sich (ohne Begründung) die Hälfte der Ehepaar-Altersrente persönlich auszahlen oder auf ein Konto überweisen lassen.

Welche Leistungen sind von der Pensionskasse zu erwarten?

Auskunft über das zur Verfügung stehende Altersguthaben und die zu erwartenden Leistungen geben Ihnen der in der Regel jährlich ausgehändigte persönliche Ausweis sowie das Reglement Ihrer Vorsorgeeinrichtung. Klären Sie offene Fragen mit dem Pensionskassenverwalter, Personalchef oder Personalvertreter frühzeitig ab. Wichtig: Welche Leistungen werden der Teuerung angepasst? In jedem Kanton wacht eine Aufsichtsbehörde über die verschiedenen Personalvorsorgestiftungen. Diese Behörden erteilen auch Auskünfte. Die Adressen stehen auf der letzten Seite des Telefonbuchs.

Schwierig ist der Entscheid, ob jemand eine Rente beziehen oder sich das angesammelte Kapital beim Ausscheiden aus dem Erwerbsleben auszahlen lassen soll. Massgebend sind die übrigen finanziellen und persönlichen Verhältnisse. Wer gesund ist, eine (in den Rentenanspruch eingeschlossene) Partnerin hat und vielleicht über andere Ersparnisse verfügt, wird sich eher für eine Rente entscheiden. Alleinstehenden, gesundheitlich angeschlagenen Berechtigten oder verheirateten Frauen (in Pensionskassen ohne Witwerrenten) ist dagegen besser mit einer Auszahlung gedient.

Wie soll ich das Kapital anlegen?

Je nach persönlichen Verhältnissen ist zwischen den Zielen der Sicherheit, Rendite und Wertsteigerung zu wählen. Achten Sie auch hier auf die Gefahr der Vermögensverminderung durch die jährliche Teuerung. Bei grösseren Vermögen ist es sinnvoll, einen Teil in Immobilien, Aktien und anderen Sachwerten zu investieren. Lassen Sie sich durch interessenungebundene Fachleute beraten. Empfehlungen des Bank- oder Versicherungsvertreters sind durch andere Fachleute zu überprüfen. Berücksichtigen Sie auch die steuerlichen Konsequenzen der Kapitalanlage. Wer zum Beispiel eine längst abbezahlte Hypothek aktiviert und in eine Rente umwandelt, kann massiv Steuern sparen.

Versicherungen

Der Übertritt vom Erwerbsleben in den «Ruhestand» erfordert auch eine Anpassung des gesamten Versicherungsschutzes an die neuen Umstände. Unbedingt vor der Pensionierung die Krankentaggeld-, Krankenpflege- und Unfallversicherung überprüfen und anpassen.

Persönliches Jahresbudget

Ermitteln Sie vor der Pensionierung möglichst genau Ihre Einnahmen und Ausgaben. Im Anhang auf Seite 179 finden Sie die Vorlage für ein Budget. Überlegen Sie, wie sich das Budget bei starker Teuerung verändern könnte. Welche finanziellen Veränderungen sind sonst zu erwarten (Mietzinsaufschläge infolge Wohnungsrenovation, Hypothekarzinsaufschläge usw.)? Welche finanziellen Konsequenzen hätte der Tod oder die dauernde Pflegebedürftigkeit des Partners?

Offenheit und Klarheit

Wo zwei Menschen zusammenleben, müssen all diese Fragen gemeinsam besprochen werden. Vor der Pensionierung ist ein idealer Zeitpunkt, um die finanziellen Verhältnisse übersichtlich und für alle Beteiligten verständlich zu ordnen. Im Fall von Krankheit oder Tod entstehen so den Lebenspartnern und sonstigen Angehörigen wenigstens in diesem Bereich keine zusätzlichen Sorgen.

3. Kapitel

Pensionierung

Schock und Chance

«Obwohl ich gesundheitlich angeschlagen bin, muss ich auch in den letzten zwei Jahren die volle Leistung erbringen. Dann werde ich – von einem Tag auf den andern – in den Ruhestand entlassen. Irgendwie ist das unmenschlich.» Im Gruppengespräch berichten angehende Rentnerinnen und Rentner aus einigen Baselbieter Gemeinden über Hoffnungen und Ängste vor dem Tag «P». «Der Verlust meiner Arbeitskameraden wird wehtun», ahnt eine alleinstehene Frau. «Je älter ich werde, desto mehr Zeit brauche ich, um auszuruhen und meine Kräfte für die Arbeit zu regenerieren. Freundschaftliche Beziehungen werden da vernachlässigt. Wenn ich dann endlich viel Zeit habe, muss ich zuerst manches neu aufbauen», sagt sie.

Andere freuen sich auf den Garten, das Hobby, Zeit für die Familie und die Enkelkinder. So vieles, das im Erwerbsleben zu kurz kam, soll nachgeholt werden. Wenn die Gesundheit mitmacht. Langweilig werde es sicher nicht werden, sind sich alle einig. Eher müsse man sich vor zu hohen Erwartungen, vor dem «Pensionierungsstress» hüten. Einer meint: «Wenn jemand wie ich ein halbes Jahrhundert gekrampft hat, wird er auch das Faulenzen verkraften.»

Nie mehr Montagmorgen

Die ersten «Tage danach» empfinden viele Rentner wie Ferien. Ausschlafen, gemütlich frühstücken, Zeitung lesen, irgendeiner Lieblingsbeschäftigung nachgehen. Täglich ist jetzt Sonntag. Am ehemaligen Arbeitsplatz sitzt jemand anders. Vermisst uns niemand? Jahrelang waren wir beinahe unentbehrlich – doch würden wir am Montag morgen wieder antreten, wären wir bloss noch Sand im Getriebe. Wen würde diese Erkenntnis nicht schmerzen? Jahrzehntelang war die Leistung der Massstab, mit dem wir gemessen wurden. Der berufliche Erfolg verhalf zu gesellschaftlicher Anerkennung, stärkte unser Selbstwertgefühl. Fünfzig Jahre lang hatten wir zielstrebig und tüchtig zu sein, und plötzlich sollen wir nun den Müssiggang geniessen?

Der von der Arbeit geprägte Tages-, Wochen- und Jahresrhythmus ist verschwunden. Einen neuen, von den eigenen Bedürfnissen bestimmten Rhythmus müssen wir zuerst entdecken.

Traditionelle Geschlechterrollen (erwerbstätiger Mann, haushaltführende Frau) verwischen sich. Auf einmal sitzt der Mann im traditionellen Revier der Frau. Die Lebenspartner müssen ihre Aufgaben und Bereiche neu ordnen, den Rhythmus auf einander abstimmen. Das bietet Chancen für Veränderungen, aber auch Stoff für Krisen.

Der Tag «P» ist oft verknüpft mit hohen Erwartungen. Die meisten Jungrentner beabsichtigen zum Beispiel, eine grosse Reise zu machen. Doch nur die wenigsten verwirklichen den Plan. Veränderte Bedürfnisse nach sozialen Kontakten stossen an Grenzen. Freunde stecken noch im Arbeitsprozess oder haben bereits ein gedrängtes Senioren-Programm. Der Grossvater, der sich nach der Pensionierung ganz seinem Enkelkind widmen will, stellt überrascht fest, dass dieses eher mit Gleichaltrigen spielen möchte.

Die Pensionierung verlangt nicht nur von jedem Betroffenen selbst, sondern auch von seinen Angehörigen und seinem sozialen Umfeld eine grundsätzliche Neuorientierung. Die meisten Menschen denken in den letzten Jahren ihrer Berufstätigkeit mit gemischten Gefühlen an die Pensionierung: Da ist Freude und Befriedigung, aber auch Angst vor Verlusten und vielerlei Unsicherheiten. Wer seine Rentnerzukunft durch die rosarote Brille sieht oder glaubt, nun gehöre er ohnehin zum alten Eisen, wird mit dem Übergang grösste Mühe haben. Allzuviele Menschen erleiden nach dem Abschied aus dem Erwerbsleben einen eigentlichen Pensionierungsschock. Krankheiten, Ehekrisen, ja sogar Selbstmorde treten in dieser Lebensphase gehäuft auf. Durch eine frühzeitige ehrliche Vorbereitung auf die «dritte Lebensphase» und durch sozialpolitische Verbesserungen können die Probleme gemildert werden.

Pensionierung nach Mass

Das «richtige» Rentenalter ist eines der heissen Eisen helvetischer Sozialpolitik. Während linke und gewerkschaftliche Kreise für eine generelle Senkung der Lebensarbeitszeit eintreten, machen sich Unternehmerorganisationen – besonders in Zeiten von Hochkonjunktur – für eine Erhöhung des Rentenalters stark. Eines ist kaum bestritten: Dass Männer mit 65 und Frauen mit 62 automatisch reif sind für den Ruhestand, ist eine Fiktion. Mancher mag schon in den letzten Jahren der Berufstätigkeit seine Arbeitsbürde kaum mehr tragen, während andere gut und gerne noch zwei, drei Jahre – vielleicht mit reduziertem Pensum – weiterarbeiten möchten.

Untersuchungen zeigen, dass die physische und psychische Leistungsfähigkeit zum grossen Teil bis ins hohe Alter erhalten bleiben kann. Ältere Mitarbeiterinnen und Mitarbeiter haben zwar grössere Mühe, unter Zeitdruck und Umgebungseinflüssen wie Hitze, Lärm oder schlechter Beleuchtung zu arbeiten. An Arbeitsplätzen, die Genauigkeit und Berufserfahrung erfordern, bewähren sie sich dafür überdurchschnittlich gut. Diese altersbedingten Veränderungen liessen sich bei der Arbeitsplatzgestaltung vermehrt berücksichtigen.

Häufig bedeutet Karriereplanung nur, den Weg nach oben – zu weiterer Beförderung und neuer Verantwortung – zu ebnen. Doch was geschieht, wenn der Zenit einmal überschritten ist? Viele Mitarbeiterinnen und Mitarbeiter haben das Bedürfnis, in den letzten Jahren des Berufslebens kürzer zu treten. Dieses Anliegen bei Vorgesetzten oder Personalverantwortlichen vorzutragen und durchzusetzen, erfordert viel Mut. Wird man dann noch ernstgenommen? Wird man vorzeitig auf ein Stumpengeleise abgeschoben? Angesichts dieser Gefahren ist es empfehlenswert, die letzte Phase der Erwerbstätigkeit bewusst zu gestalten und den persönlichen Anliegen Nachdruck zu verschaffen. Ist es nicht sinnvoller, die Arbeitslast schrittweise zu reduzieren, statt vor der Pensionierung die Gesundheit zu ruinieren?

Während in andern Ländern – vor allem solchen mit grosser Arbeitslosigkeit – vorzeitige Pensionierungen gefördert werden, ist in der Schweiz der Spielraum dafür klein. Die meisten Pensionskassen ermöglichen zwar eine vorzeitige Pensionierung. Die Renten werden dabei um etwa 6 bis 9% pro Jahr gekürzt. Der vorzeitige Bezug einer (reduzierten) AHV-Rente steht im Rahmen der 10. AHV-Revision (für Männer) zur Diskussion. Wer sich vorzeitig aus dem Erwerbsleben zurückzieht, muss dennoch (als Nichterwerbstätiger) bis zum ordentlichen Pensionsalter AHV-Prämien zahlen. Der vorzeitige Ruhestand scheitert häufig an den finanziellen Einbussen. Einzelne Arbeitgeber oder Pensionskassen mildern dies, indem sie die Zeit zwischen der vorzeitigen Pensionierung und dem ordentlichen Rentenalter finanziell überbrücken helfen, sei es mit einem dienstaltersabhängigen «Nachlohn», sei es durch die Übernahme von Sozialversicherungsprämien oder durch zinsgünstige Darlehen.

Manche Staatsangestellte können sich, als Dank für jahrzehntelange treue Dienste, zum Teil bei voller Rente vorzeitig pensionieren lassen. Als eines der ersten privaten Unternehmen entlässt die Swissair ihre Angestellten im Gleitflug in den Ruhestand. Abgestuft nach Dienstalter oder entsprechend den geleisteten Nachtschichten kann die Pensionierung um maximal 18 Monate vorgezogen werden. Das Unternehmen zahlt als Überbrückung sowohl die vorzeitige Rente als auch die vollen Pensionskassenbeiträge. Die meisten Swissair-Angestellten beziehen ihr Zeit-Guthaben aber nicht en bloc, sondern in Form einer Arbeitszeitreduktion. Wo immer dies von den Betriebsabläufen her möglich ist, kann der Arbeitseinsatz in den letzen fünf Jahren frei gewählt werden: zum Beispiel 36 Monate zu 50%, 12 Monate zu 75% und 30 Monate zu 50% oder 24 Monate zu 50% gefolgt von einer 6 Monate vorgezogenen Pensionierung.

Wer in der Schweiz über das ordentliche Pensionsalter hinaus arbeitet, wird dafür zu einer Solidaritätsleistung verknurrt. Erwerbstätige Rentnerinnen und Rentner müssen nämlich auf ihrem Lohn, der den Freibetrag von monatlich 1300 Franken. übersteigt, AHV-Prämien zahlen, ohne dass ihnen dafür zusätzliche Leistungen dieses Sozialwerkes zustehen. Die AHV bietet die (selten genutzte) Möglichkeit, den Rentenbezug um ein bis fünf Jahre aufzuschieben. Dadurch kann die Rente um 8,4% bis 50% aufgestockt werden. Vorteil: Wer nach der Pensionierung weiterarbeitet, spart durch den Rentenaufschub Steuern, da er weniger durch die Steuerprogression erfasst wird. Ein Rentenaufschub empfiehlt sich jedenfalls nur für sehr gesunde Menschen mit einer hohen Lebenserwartung oder für Männer mit einer wesentlich jüngeren Ehefrau. Haben sie einmal glücklich den achtzigsten Geburtstag hinter sich, können sie sich ob der aufgestockten Rente ins Fäustchen lachen. Sterben sie hingegen mit neunundsechzig, müssen sie sich noch im Grab über die verschenkten Renten ärgern.

Während staatliche Bedienstete in der Regel auch gegen ihren Willen in den Ruhestand verabschiedet werden (gesetzliche Alterslimiten), sieht die Privatwirtschaft in den Rentnern einen willkommenen Konjunkturpuffer. Läuft das Geschäft auf Hochtouren, dürfen die rüstigen Senioren gerne noch zwei, drei Jährchen weiterarbeiten. Herrscht hingegen wirtschaftliche Flaute, ist es selbstverständlich, dass sie den jungen Arbeitskräften Platz machen. Nicht das Bedürfnis des alternden Menschen, den für ihn richtigen Zeitpunkt des Rücktrittes auszuwählen, steht also im Vordergrund, sondern die Interessen des Betriebs. Ähnlich wie die Hausfrauen finden sich die Rentner auf dem Arbeitsmarkt in der wenig erbaulichen Funktion eines Lückenbüssers.

Empfehlungen

• Planen Sie um das 55. Altersjahr – zusammen mit den Vorgesetzten – die letzte Phase der Berufstätigkeit. Unterbreiten Sie selber Vorschläge für Arbeitsentlastungen.

• Erkundigen Sie sich frühzeitig bei Ihrem Arbeitgeber und der Pensionskasse nach den Möglichkeiten für den gleitenden oder vorzeitigen Altersrücktritt.

• Nutzen Sie – durch die Personalvertreter in den Vorsorgeeinrichtungen – Ihren Einfluss, um flexible Pensionierungsmodelle zu fördern.

• Für Personalchefs und Pensionskassenfachleute führt das Forschungsinstitut für Arbeit und Arbeitsrecht an der Hochschule St. Gallen regelmässig Seminare zum Thema «Flexible und gleitende Pensionierung» durch.

Senioren in die Lehre

«Die Einladung zu diesem Vorbereitungskurs auf die Pensionierung habe ich zerrissen und in den Papierkorb geschmissen», gesteht ein Beamter im Gruppengespräch. Ein Kollege hat ihn dann doch animiert, mitzukommen. Jetzt ist er überrascht: «In jedem Gespräch tauchen Fragen auf, deren Antwort ich noch suchen muss.» Gespräche zur Vorbereitung auf die Pensionierung können und sollen keine Rezepte anbieten. Hingegen helfen sie den Teilnehmenden, eine individuelle Standortbestimmung vorzunehmen und Ziele für den folgenden Lebensabschnitt festzulegen.

In der Schweiz haben in den letzten zwei Jahrzehnten etwa 100000 ältere Erwerbstätige und deren Lebensgefährten an einem Vorbereitungskurs teilgenommen – noch immer eine verschwindend kleine Minderheit. Pionierarbeit in der Pensionierungsvorbereitung leistet die 1970 gegründete Stelle für Fragen der Altersvorbereitung bei der Pro Senectute des Kantons Zürich und die Stelle für Altersfragen beim Migros-Genossenschafts-Bund (Adressen im Anhang). Pro Senectute informiert über das Kursangebot in der ganzen Schweiz, stellt den verschiedenen Veranstaltern Kursunterlagen zur Verfügung, vermittelt Referentinnen und Kursleiter und dient als Koordinationsstelle.

Sinnvollerweise wird ein Vorbereitungskurs nicht kurz vor der Pensionierung, sondern mehrere Jahre vor diesem einschneidenden Schritt besucht. So haben die Betroffenen Zeit, die gewonnenen Erkenntnisse auch noch in die Tat umzusetzen. Denn die Entwicklung eines Hobbys, die Pflege von menschlichen Beziehungen, der Einstieg in ein soziales oder politisches Engagement gelingen eben nicht von einem Tag auf den andern. Und im gleichen Mass, wie etwas Neues aufgebaut wird, rückt auch die Bedeutung der oft allzu dominierenden Arbeit und der daraus resultierenden Macht und sozialen Anerkennung in ein bescheideneres Licht.

Wichtig ist die Teilnahme einer allfälligen Partnerin. Auch für die Hausfrau ändert sich mit dem Tag «P» vieles.

Die Programme sind je nach Veranstalter (und Grosszügigkeit der Arbeitgeber) sehr unterschiedlich aufgebaut. Sie dauern zwischen einigen Stunden und mehreren Tagen. Meistens wird Sachinformation über Renten, Ehe- und Erbrecht, Gesundheitsvorsorge, Altersturnen, Freizeitangebote, Vergünstigungen und Altersorganisationen geboten. Besonders wertvoll ist aber auch die Gelegenheit, in Gruppengesprächen über die alle beschäftigenden Unsicherheiten, Hoffnungen und Ängste zu reden.

Standortbestimmung
vor der Pensionierung

Empfehlung: Beantworten Sie die Fragen in einer ruhigen Stunde schriftlich. Lassen Sie auch Ihre Partnerin/Ihren Partner die Fragen beantworten. Besprechen Sie anschliessend die Ergebnisse und bestimmen Sie, welche Themen eine weitergehende Klärung brauchen.

Beruf
- Welche Bedeutung hat die Berufsarbeit in meinem Leben?
- Welche meiner Berufsziele habe ich erreicht?
- Wieviel persönliche Anerkennung und Lebenssinn hat mir die Arbeit gebracht?
- Wie wichtig sind mir die sozialen Kontakte am Arbeitsplatz?
- Was verliere ich durch den Abschied aus dem Berufsleben?
- Werde ich weiterarbeiten?
- Wenn ja: in welcher Form und wie lange?

Finanzen
- Welche finanziellen Auswirkungen hat die Pensionierung?
- Besteht ein konkretes Budget?
- Wie wird – im Todesfall eines Partners – der oder die Überlebende finanziell zurechtkommen?
- Sind die finanziellen Verhältnisse rechtlich genügend abgesichert (zum Beispiel Ehe- und Erbvertrag, Testament)?

Aktivitäten
- Wie werden die Aufgaben mit der Partnerin/dem Partner nach der Pensionierung neu aufgeteilt?
- Wie werde ich meine Zeit verbringen?
- Welche Hobbys will ich pflegen?
- Werde ich Haustiere halten?
- In welchen Gruppen, Vereinen usw. werde ich mich betätigen?

– Werde ich mich in einer Partei, einer sozialen oder ökologischen Bewegung engagieren?
– Werde ich mich weiterbilden?
– Wie mache ich mein Wissen und meine Erfahrung fruchtbar?
– Werde ich reisen? Wenn ja: mit wem und wohin?
– Werde ich Sport treiben? Wenn ja: was und mit wem?

Beziehungen – Wer sind meine wichtigsten Bezugspersonen?
– Wie soll sich die Beziehung zu ihnen nach der Pensionierung entwickeln?
– Mit wem möchte ich eine Freundschaft aufbauen?
– Wie und wo kann ich neue Menschen kennenlernen?
– An wen kann ich mich wenden, wenn es mir schlecht geht?

Gesundheit – Bin ich gesund? Wenn ja: was werde ich tun, um gesund zu bleiben? Wenn nein: was werde ich tun, um trotz gesundheitlicher Beschwerden gut zu leben?

Wohnung – Ist die jetzige Wohnsituation befriedigend?
– Hat jeder Wohnpartner genügend und geeigneten Platz, um ungestört seinen Beschäftigungen nachzugehen?
– Ist die Wohnung (oder das Haus) auch noch geeignet, wenn ich (oder mein Partner, meine Partnerin) einmal krank oder gehbehindert sein sollte?
– Kann die heutige Wohnsituation nach dem Tod eines Partners weitergeführt werden?
– Wenn sich ein Umzug aufdrängt: wann ist der geeignete Zeitpunkt?
– Wie soll eine neue Wohnsituation beschaffen sein? (Siehe auch 6. Kapitel, Seite 73)

4. Kapitel

Rentnerarbeit

Einspringen
nach Lust und Laune

«Das Geld ist für mich nicht das Hauptmotiv, um noch zu arbeiten», erzählt Herr L. aus Zürich. Nach einer Industriekarriere leistet er gelegentliche Einsätze für Senexpert. «Eine gute Entlöhnung ist trotzdem wichtig: als Anerkennung für die erbrachte Leistung.» Herr L. freut sich, wenn er mit seinem Wissen und seiner Erfahrung in kleinen und mittleren Unternehmen als Berater einspringen kann. «Das hilft mir auch, mit der Entwicklung in Tuchfühlung zu bleiben.»

Herr L. hat sich keine Altersgrenze für den vollständigen Rückzug aus der Arbeitswelt gesetzt. «Ich werde arbeiten, solange ich Freude daran habe und solange man mich braucht.»

Arbeit schafft Sinn

Menschen, die nach dem offiziellen Übertritt in den «Ruhestand» ganz oder teilweise weiterarbeiten, nennen dafür verschiedene Motive:

- Aufbesserung des Rentnereinkommens
- Angst vor dem Nichtstun oder vor der Langeweile
- das angenehme Gefühl, noch gebraucht zu werden
- die menschlichen Kontakte zu den Arbeitskolleginnen und -kollegen
- die Gewissheit, eine Leistung zu erbringen und damit gesellschaftlich nützlich zu sein
- in Kontakt mit der Entwicklung zu bleiben

Kein Zweifel: Arbeit gibt dem Leben einen Sinn. Ist folglich ein Leben ohne Erwerbsarbeit sinnlos?

In einer Gesellschaft, die sehr stark auf die Werte Leistung, Erfolg und Nützlichkeit ausgerichtet ist (und als Gradmesser für den Erfolg das erzielte Einkommen betrachtet), haben Menschen ohne Erwerbstätigkeit einen schweren Stand. Aus der Tätigkeit einer Hausfrau, eines Arbeitslosen oder eines Rentners lässt sich bei dieser Wertsetzung nur in bescheidenem Mass soziale Anerkennung ableiten. Alten Menschen gesteht man (bestenfalls) noch zu, dass sie früher einmal Grosses geleistet haben. Doch auch das ist rasch vergessen.

Die Versuchung besteht, dem Prestigeverlust auszuweichen, der mit dem Ausscheiden aus dem Erwerbsleben zusammenhängt, indem man weiterarbeitet. Leicht führt dieser Ausweg in die Sackgasse. Der Übertritt in einen neuen Lebensabschnitt wird aufgeschoben, die unvermeidliche Auseinandersetzung mit neuen Aufgaben – aber auch mit der eigenen Endlichkeit – wird verdrängt. Wer arbeitet bis zum Umfallen, hat Mühe, sich nach dem Rückzug aus dem

Erwerbsleben auf neue, dem höheren Alter angepasste Aufgaben und Tätigkeiten einzulassen. «Wollen wir vermeiden, dass das Alter zu einer spöttischen Parodie unserer früheren Existenz wird», schrieb Simone de Beauvoir, «so gibt es nur eine einzige Lösung, nämlich weiterhin Ziele zu verfolgen, die unserem Leben einen Sinn verleihen: das hingebungsvolle Tätigsein für einzelne, für Gruppen oder für eine Sache, Sozialarbeit, politische, geistige oder schöpferische Arbeit.»

Viele Pensionierte müssen noch etwas dazu verdienen, wenn sie sich mehr als das Lebensnotwendige leisten wollen. Das Bedürfnis, über das Rentenalter hinaus einer Erwerbsarbeit nachzugehen, kann auch Ausdruck einer guten Vitalität, Gesundheit und Schaffenskraft sein. Wer sich in dieser erfreulichen Lage befindet, sollte sich immerhin auch einige Fragen stellen:

Hindert mich die weitere Erwerbstätigkeit,
- neue Tätigkeiten im Hinblick auf ruhigere Zeiten zu entwickeln?
- Beziehungen und Freundschaften zu pflegen?
- die Auseinandersetzung mit den letzten Lebensabschnitten rechtzeitig (mit Mut und Zuversicht) zu führen?

Senioren – ein willkommener Konjunkturpuffer

«Die neue Lust der Senioren auf Erwerb», titelte die ‹Neue Zürcher Zeitung› vom 4. Oktober 1989, und im Untertitel hiess es: «Zürcher Stellenvermittlungsbüros für AHV-Rentner haben Hochkonjunktur». In Wirklichkeit war natürlich nicht die Arbeitslust der Rentner neu, sondern die «Lust» der Wirtschaft, angesichts des ausgetrockneten Arbeitsmarktes auf die in Ehren ergrauten Senioren zurückzugreifen.

Ganz anders hatte es im Sommer 1975, während des markantesten Konjunktureinbruchs der Nachkriegszeit getönt:

51

«Stellenvermittlung für Betagte ist schwierig geworden», musste da die Basler ‹National-Zeitung› verkünden. «In erster Priorität verlieren in der Rezession Betagte ihren Arbeitsplatz. Sie müssen jüngeren Menschen Platz machen, die von ihrem Arbeitseinkommen leben müssen. Dieser Gesetzmässigkeit fällt nun auch die Aktion zugunsten Pensionierter zum Opfer. Wenn die wirtschaftliche Talsohle einmal überwunden ist, soll sie wieder aufleben.»

Anfangs der neunziger Jahre strebte die Konjunktur wieder einem Gipfel zu. Doch auch jetzt stand nicht die Lust der Senioren im Vordergrund, sondern die Bedürfnisse der Wirtschaft: Gesucht und vermittelt wurden Bürohilfskräfte, Kuriere, Magaziner. Gefragt waren kurzfristig einsetzbare Lückenbüsser, die bereit waren, zum grossen Teil unqualifizierte Arbeiten auszuführen, die weit unter ihren Fähigkeiten und früheren Tätigkeiten lagen. «Arbeit mit Kundenkontakt liegt da nicht drin», meinte eine Stellenvermittlerin.

Ungeachtet der konjunkturellen Schwankungen hat der Anteil der Rentner an der erwerbstätigen Bevölkerung in den letzten Jahrzehnten abgenommen. 1970 arbeitete gemäss Volkszählung noch jeder zweite Mann zwischen 65 und 69 Jahren ganz oder teilzeitlich, 1980 noch jeder vierte. Jeder zehnte Mann über 70 Jahren ging 1980 einer Erwerbstätigkeit nach. Zehn Jahre vorher waren es noch doppelt so viele. Die Erwerbsquote der Rentnerinnen liegt wesentlich tiefer.

Der Umfang der Rentnerarbeit lässt sich bloss schätzen. Für das Jahr 1990 zahlten erwerbstätige Rentnerinnen und Rentner 366 Millionen Franken AHV-Beiträge. Dies entspricht einem Einkommen von weit über drei Milliarden Franken. Nicht erfasst sind dabei alle (prämienfreien) Erwerbseinkommen unter 1200 Franken pro Monat (ab 1992: 1300 Franken). Dazu kommen Einkünfte aus Gelegenheitsarbeiten, von denen weder Sozialversicherungen noch Steuerbehörden etwas erfahren.

Vielfältiger Senioren-Arbeitsmarkt

Weiterarbeiten am angestammten Platz

Die besten Chancen für eine gut entlöhnte Tätigkeit, die auf die eigene Qualifikation und Erfahrung zugeschnitten ist, findet der Jung-Rentner beim bisherigen Arbeitgeber. Bei guter Konjunktur sind viele Unternehmen noch so gerne bereit, Arbeitswillige über das offizielle Pensionsalter hinaus zu beschäftigen. Gelegentlich können einzelne Arbeitsbereiche in einem Teilzeitarbeitsverhältnis übernommen werden.

Senioren als Experten

1987 wurde in Zürich in Zusammenarbeit mit Pro Senectute der Verein Senexpert gegründet. Mitglieder sind ehemalige Führungskräfte aus Wirtschaft, Verwaltung und Wissenschaft. Sie stellen ihr Wissen und ihre Erfahrung gegen mässiges Honorar für befristete Aufträge zur Verfügung. Zwei Drittel des Honorars gehen in die Kasse von Pro Senectute Zürich. Eine Ausweitung des Einsatzgebietes auf die ganze Schweiz ist vorerst nicht zustande gekommen.

Club Adlatus

180 pensionierte Führungs- und Fachkräfte unterstützen vor allem Jungunternehmer sowie kleine und mittlere Betriebe. Das Honorar von in der Regel 50 bis 70 Franken pro Stunde geht zu 90% in die Tasche der Adlaten.

Einsätze in der Dritten Welt

Das Senior Expert Corps (SEC) vermittelt pensionierte Fachleute für temporäre Einsätze in Projekten der Entwicklungszusammenarbeit.

Aktion «P»

Sie hat in verschiedenen Regionen der Schweiz seit 1962 eine wechselvolle Geschichte erlebt. In Zeiten der Hochkonjunktur mussten die Rentner für Arbeitseinsätze und Teilzeitjobs mit Flugblattaktionen gesucht werden. Während der Rezession wurde der Betrieb hingegen teilweise eingestellt, da arbeitswillige Rentner kaum mehr vermittelbar waren. Die Aktion «P» bringt Arbeiten und Rentner aus den verschiedensten Bereichen zusammen.

Senioren für Senioren

Viele alte Menschen können zwar gut selbständig haushalten, brauchen aber für einzelne Arbeiten Unterstützung: im Garten die Büsche schneiden, Vorfenster aushängen, die Steuererklärung ausfüllen, bei Abwesenheit das Büsi füttern oder eine kleine Reparatur ausführen, für die sich der Gang zum Handwerker kaum lohnt. Hier springen Senioren ein, die gerne noch etwas arbeiten, neue Kontakte schätzen und ein zusätzliches Taschengeld nicht verschmähen. «Senioren für Senioren» ist eine Organisationsform, die im Dorf oder einem städtischen Wohnquartier die Nachbarschaftshilfe ergänzen und stärken kann.

Arbeitsvermittlung per Inserat

Rentner und Rentnerinnen bieten ihre Arbeitskraft in der Lokalzeitung an (zum Beispiel: «Pens. Schreiner restauriert Ihre alten Möbel» oder «Pens. Beamtin erledigt Ihre Steuererklärung» usw.). Unter der Rubrik «Senioren für Senioren» veröffentlicht auch die Zeitschrift ‹Zeitlupe› Arbeitsangebote.

Stellenvermittlungsbüros

Nach sieben fetten Wirtschaftsjahren entdeckten 1989 und 1990 viele Personalvermittlungsunternehmen die Senioren-Arbeitskräfte. In Zürich und Genf entstanden neue Unternehmen, die ausschliesslich Pensionierte vermitteln. Umfragen zeigen, dass die Wirtschaft die Senioren vor allem in wenig qualifizierten Positionen (Magaziner, Botendienste, einfache Büroarbeiten und Kontrolltätigkeiten) einsetzt. Für fachlich anspruchsvolle Aufgaben und Tätigkeiten mit Kundenkontakt sind eher die Jungen gefragt.

Gemeinnützige Aufgaben

Unzählige Organisationen des Sozial- und Gesundheitswesens (Behindertentransporte, Mahlzeitendienste, Besuchsdienste usw.) funktionieren nur, weil aktive Senioren mit Engagement, Ausdauer und Freude einen Teil ihrer Zeit zur Verfügung stellen. Auch Quartiergruppen, Parteien, Vereine, Naturschutzprojekte brauchen tatkräftige, erfahrene und reife Menschen. Viele wichtige Tätigkeiten können nicht entlöhnt werden. Doch wer mitmacht, schafft neue Beziehungen, erfüllt sinnvolle Aufgaben und ist an der Gestaltung der gesellschaftlichen Entwicklung beteiligt.

Empfehlungen

• Verschaffen Sie sich Klarheit über Ihre Motive, weshalb Sie nach der Pensionierung voll- oder teilzeitlich weiterarbeiten möchten.

• Verschaffen Sie sich Klarheit über die Motive des Arbeitgebers.

• Lassen Sie sich nicht als Lohndrücker gegenüber jüngeren Kolleginnen und Kollegen einsetzen.

• Regeln Sie das Arbeitsverhältnis in einem schriftlichen Vertrag.

• Beanspruchen Sie die üblichen Sozialleistungen. Achten Sie insbesondere auf den Versicherungsschutz (Unfall, Krankheit, Haftpflicht usw.)

• Versäumen Sie neben der Arbeit nicht Ihre Liebhabereien, Freundschaften, familiären Beziehungen, die nach dem Ausscheiden aus dem Berufsleben für Ihr Wohlbefinden sehr wichtig sein werden.

Leih-Opa im Stundenlohn

«Vor dem ersten Baby-Wickeln hatte ich richtig Schiss», gesteht der 69jährige Hans R. schmunzelnd ein. «Heute weiss ich: die Säuglinge sind das Einfachste.» Schwieriger ist es, mit vier lebhaften Kleinkindern ohne grössere Zwischenfälle auf einen Spielplatz ausserhalb der Stadt zu gelangen – und rechtzeitig wieder daheim zu sein.

Hans R. ist ein vielseitig interessierter und beschäftigter Rentner. Er besucht die Senioren-Universität, nimmt am Altersturnen teil, hat einen Garten usw. Zwei bis drei Halbtage in der Woche arbeitet er als Babysitter. «Das Kinderhüten fordert mich von allen Beschäftigungen am meisten», sagt er. «Das freut mich aber auch am meisten. Es ist schön, wenn man noch gebraucht wird.»

Gebraucht würden viel mehr Leih-Opas wie Hans R. «Leider melden sich wenige pensionierte Männer», bedauert Liselotte Gröflin von der Sektion Basel des Roten Kreuzes. «Die jetzige ältere Generation ist schon stark vom Konsum geprägt. Die Bereitschaft ist klein, sich über die Familie hinaus für etwas zu verpflichten.» Viele Interessierte sind auch nicht bereit, vor dem ersten Einsatz den obligatorischen Kurs zu besuchen. In diesem Schnellehrgang werden die Leih-Opas und -Omas mit den heutigen Methoden der Säuglingspflege und den gewandelten Erziehungsansichten vertraut gemacht.

Der Stundenlohn von sieben Franken ist bescheiden für die verantwortungsvolle Tätigkeit. Leih-Opas und -Omas sollen von Müttern und Vätern aus allen sozialen Schichten beansprucht werden können. Der Verdienst ist als zusätzliches Taschengeld und Zeichen der Anerkennung dennoch willkommen. Wichtiger ist aber die Möglichkeit zu neuen menschlichen Kontakten. Hans R.: «Immer wieder sehe ich in andere Familien hinein und komme in mir bisher unbekannte Gegenden der Stadt. Das gefällt mir. Ich habe halt die Menschen gern und auch die Stadt.»

Wenn der ehemalige Beamte Hans R. einen alten Kollegen trifft, erzählt er nichts von seinen Abenteuern als Babysitter. «Ich glaube, in meiner Generation versteht man das noch nicht. Als ich jung war, stand das Kindermädchen zuunterst auf der Stufenleiter. Und dennoch, eigentlich bin ich stolz, dass ich das mache.»

5. Kapitel

Freizeit

Grosse Freiheit
oder grosse Leere?

«Gerät eine Senioren-Nachmittagsfahrt von Knecht-Busreisen kürzer als 200 Kilometer, reklamieren die Senioren. Grossmütter, die früher mit der Anzahl Enkelkinder prunkten, tun dies heute mit der Anzahl abgefahrener Kilometer. Grossväter, die früher aus dem Schatz ihrer Erlebnisse erzählten, sind heute up to date über die Bratwurstlänge in den Bahnhofbuffets von Montreux, Basel und St. Gallen ...
Viele alte Menschen reisen, damit wenigstens etwas läuft, wenn sonst nichts mehr läuft ... Denn die Tage sind lang für jene Generation, die noch immer klagt, sie hätte sich verschlafen, wenn sie erst um sechs Uhr erwacht. Für die Leistungsverweigerer fanden sie, selbst eingebunden in Pflichten und Mühsal, stets nur barsche Worte. Jetzt, selbst aus dem Leistungsraster gefallen, warten sie auf den Lohn ihrer lebenslangen Tugend und verdrängen Leere, Zweifel und Enttäuschung mit ziellosem Bewegungsdrang.» (Margrit Sprecher in einem Artikel über ‹Die neue Unrast der Schweizer Senioren› in der ‹Weltwoche› vom 21. 9. 1989)

Freizeitchancen – Freizeitfallen

Acht Stunden schlafe der Mensch, acht Stunden arbeite er und acht Stunden habe er Freizeit, lautet eine ebenso einfache wie falsche Rechnung. Denn ein grosser Teil der Freizeit ist gebunden: Wir fahren zur Arbeit, warten an der Ladenkasse, füllen Steuererklärungen aus, tragen Kehrichtsäcke vor die Tür. All diese Tätigkeiten tun wir weder freiwillig, noch erfüllen sie uns mit besonderer Lust. Tatsächlich beschränkt sich die wirkliche Freizeit, in der wir frei – nach Lust und Laune – entscheiden können, ob wir spazieren, lesen, im Wirtshaus schwatzen oder im Kirchenchor singen wollen, auf wenige Stunden täglich. Nach der Pensionierung erhöht sich die Freizeit nur theoretisch um acht Stunden am Tag. Viele Rentnerinnen und Rentner übernehmen anstelle der alten ein paar neue Verpflichtungen. Tägliche Verrichtungen, die früher neben der Arbeit erledigt wurden, beanspruchen nun mehr Zeit, vieles geht mit zunehmendem Alter gemächlicher.

Wer neben der Erwerbstätigkeit und der gebundenen Freizeit kaum Zeit für Liebhabereien und Mussestunden fand, für den wird die neu gewonnene zeitliche Freiheit zur Herausforderung. Die Erfahrung zeigt (und wissenschaftliche Untersuchungen bestätigen), dass es schwierig ist, im Rentenalter ein völlig neues Hobby anzufangen und einen dazugehörigen Freundeskreis aufzubauen. Vorteil hat, wer schon in jungen Jahren erkennt, dass Arbeit nur ein Teil des Lebens ist.

Ähnliches gilt auch für die Chancen, nach der Pensionierung zu neuen Ufern der Erkenntnis aufzubrechen. «Wer nach Schulbildung, Geschlecht, beruflicher Stellung, sozialer Integration usw. im mittleren Erwachsenenalter benachteiligt war, wird mit einer hohen Wahrscheinlichkeit nicht an Bildungsangeboten für Ältere teilnehmen», schreibt Professor Hans-Dieter Schneider im ‹Handbuch Sozialwesen der Schweiz›. Einigen Pensionierten gelingt es dennoch, in neue, ihnen bisher verschlossene Wissensbereiche vorzustossen.

Obwohl sich die meisten Menschen auf die grössere Freiheit und Freizeit nach der Pensionierung freuen, haben viele dann gerade damit ihre liebe Mühe. Es lohnt sich deshalb, einige Freizeitfallen und ihre Hintergründe genauer zu prüfen. Wer die Gefahren kennt, kann sich besser vorsehen.

Lethargie

«So viel habe ich mir für die Zeit nach der Pensionierung vorgenommen, und jetzt mag ich kaum das Alltägliche bewältigen», klagen viele Rentnerinnen und Rentner einige Monate nach dem Tag «P». Anspruchsvolle Aktivitäten wurden auf das Rentenalter verschoben, die Zukunft mit grossen Plänen und hohen Ansprüchen belastet. Doch die Kräfte halten nicht mit. Ernüchterung und Enttäuschung machen sich breit.

In den letzten Jahren des Erwerbslebens zehren manche von den letzten Reserven. Nach dem Rückzug lässt die Spannung nach. Körper und Geist verlangen nach der längst fälligen Ruhephase. Gönnen Sie sich eine Zeit der Erholung. Achten Sie aber darauf, dass diese nicht in Passivität und Resignation endet. Lieber wöchentlich eine kleine Wanderung unternehmen, als täglich von der (nicht ausgeführten) Weltreise reden! Die Umstellung der Lebensweise nach der Pensionierung braucht viel Energie. Auch mit kleinen Schritten erreichen Sie Neuland.

Aktivismus

«Erst seit ich pensioniert bin, brauche ich eine Agenda», berichtet ein Jungsenior. Sein Pensum ist atemberaubend. Er bildet sich weiter, reist, ist in einer gemeinnützigen Organisation «unentbehrlich», treibt Sport, setzt sich immer neue Ziele. Er bleibt jung und aktiv – bis zum Umfallen. Oder keucht er – ohne es wahrhaben zu wollen – mit zunehmendem Alter hinter seinem alten Schatten her?

Das Alter bietet Gelegenheit, sich von dem in unserer Gesellschaft dominierenden Leistungsprinzip wenigstens teilweise zu befreien. Von aussen werden nicht mehr so hohe Erwartungen an uns gestellt. Nun gilt es, sich mit den verinnerlichten Leistungsforderungen auseinanderzusetzen, Raum zu schaffen für bisher verborgene Bedürfnisse, Mussestunden zu geniessen und staunend festzustellen, dass in uns noch ungeahnte Ideen und Wünsche schlummern. Galt es früher, auf schnellstem Weg von A nach B zu gelangen, dürfen wir nun Umwege riskieren und an interessanten Wegstellen verweilen.

Einseitigkeit
«Seine Briefmarken bedeuten ihm alles», erzählt eine Grossmutter. Glücklich, wer ein Hobby hat (und eine Ehefrau, die drumherum das Sozial- und Familienleben organisiert). Doch Steckenpferde traben gelegentlich in eine Sackgasse. Wer immer nur über sein Hobby redet, wird für seine Mitmenschen langweilig. Wer nur mit seinen Modelleisenbahn-, Schach- oder Glasmalerei-Bekanntschaften verkehrt, isoliert sich. Fehlende Vielfalt führt zu Einfalt.

Wer ausschliesslich auf eine Tätigkeit setzt, verliert alles, wenn er sein Hobby nicht mehr ausüben kann (zum Beispiel, weil die Sehkraft nachlässt). Idealerweise pflegen die Menschen vielfältige Beschäftigungen, die Kopf, Herz und Hand in unterschiedlichem Mass beanspruchen, gesellige Anlässe, ruhige Tätigkeiten, zielgerichtete und spielerische.

Zeit totschlagen
Schweizerinnen und Schweizer sitzen im Durchschnitt täglich 108 Minuten vor dem Fernseher, die meisten Pensionierten sogar wesentlich länger als zwei Stunden. Überdurchschnittlich oft schauen sie sich Unterhaltungssendungen an. «Ich will wissen, was in der Welt läuft», erklärt eine leicht gehbehinderte Frau. Das Fernsehen als Nabelschnur zum weltweiten Geschehen? Oder Fernsehen als Illusion, dabei zu sein? Da erfahren wir im Lehnstuhl, dass sich die Menschen im Kaukasus die Köpfe einschlagen, doch weshalb unsere Nachbarin seit Tagen nicht mehr aufgetaucht ist, bleibt uns verbor-

gen. Beteiligt-sein bedeutet mehr als Informiert-sein. Wer vielfältige Beziehungen zu unterschiedlichen Menschen unterhält und Konflikte durchsteht, wer am täglichen Geschehen in seiner Umgebung teilnimmt, wer in der Gegenwart Verantwortung übernimmt und für die Zukunft Sorge trägt, wird keine Langeweile kennen.

Die «neuen Alten»: aktiv, selbstbewusst, konsumfreudig

Die heutige Generation der Hochbetagten wurde in ihrer Jugend geprägt durch die Erfahrungen der Wirtschaftskrise und des Zweiten Weltkriegs. Anders die Generation, die jetzt ins Rentenalter kommt: Sie hat Jahrzehnte fast ungebrochenen wirtschaftlichen Aufschwungs erlebt, eine Epoche der Technik- und Zukunftsgläubigkeit.

Wie wirken sich die unterschiedlichen Lebenserfahrungen zweier Generationen auf deren Mentalität und Verhaltensweisen aus? Die Prognos-Mitarbeiterin Dr. Rita Baur hat in einem Referat auf einige Trends hingewiesen:

Materieller Lebensstandard: Die Zahl alter Menschen, die in materiellem Wohlstand aufgewachsen sind und gelebt haben, wird grösser werden. Die heute noch weit verbreitete Sparsamkeit alter Menschen, die Abneigung, sich etwas zu gönnen, die sie aus den Erfahrungen ihres Lebens mitgebracht haben, wird daher zurückgehen. Wichtig ist dies vor allem auch in bezug auf die Gewohnheiten, Dienstleistungen in Anspruch zu nehmen.

Mobilität: Allein schon die Tatsache, dass heute nahezu jedermann einen Führerschein erwirbt und einen Personenwagen fährt, führt zu einer Erhöhung der Mobilität auch der älteren Menschen.

Freizeit: Die zukünftig alt werdenden Menschen werden erheblich mehr geübt sein im Umgang mit Freizeit. Sie werden es gewöhnt sein, Ferien zu machen, zu reisen usw.

Frauenerwerbstätigkeit: Wesentlich mehr älter werdende Frauen werden ein Berufsleben hinter sich haben. Das hat sicher positive Aspekte, was Selbständigkeit und vielleicht auch Selbstvertrauen angeht, es hat aber wahrscheinlich auch negative Aspekte, weil für diese Frauen der Übergang ins berufslose Alter genau so schwierig sein wird wie für viele Männer.

Bildungsniveau: Infolge des allgemeinen Anstiegs des formalen Bildungsniveaus wird auch die Zahl der alten Menschen zurückgehen, die nur eine einfache Schulbildung genossen haben.

Ansprüche und Selbstbewusstsein: Insgesamt kann man feststellen, dass die eher ergebene, sich klaglos in Ordnungen einfügende Haltung zurückgeht. Negativ wird dies mit dem Schlagwort «Anspruchsmentalität» gekennzeichnet, aber es hat mindestens ebensosehr auch die positive Seite, dass Menschen selbstbewusst nach ihren eigenen Handlungsmöglichkeiten und Handlungsspielräumen fragen.

Mit grossem Interesse wenden sich auch die Marktforscher den «neuen Alten» zu. «Unter Berücksichtigung der demographischen Entwicklung in der Schweiz kann man die Prognose wagen, dass die Senioren in den nächsten 20 Jahren die Jungen in der Konsumbedeutung überholen werden», meint der Hergiswiler Marktforscher Dr. Guido Nauer. Schritt für Schritt wird nun erforscht, in welchen Teilmärkten die Senioren noch zu wenig von den Segnungen der modernen Zivilisation profitieren. (1988 kauften sie zum Beispiel 74% weniger Duschprodukte als die Jungen. Nauer: «Hier wäre also aus der heutigen Sicht sicher noch ein beachtliches Potential zu erschliessen.»)

Zwecks besserer «Erschliessung» der Senioren (und deren Brieftaschen) differenziert die Düsseldorfer Euro-Advertising vier Altersstile:

• Der traditionelle Alternde, der das Altern als negativ empfindet und versucht, es durch Gegenmassnahmen zu verlangsamen.

- Der apathische Alternde, der sich seinem Schicksal völlig ausliefert, inaktiv wird und kapituliert.
- Der Altersverweigerer, der demonstrativ zeigt, wie jugendlich er eigentlich noch immer ist.
- Der souveräne Alternde, der sein Altern positiv verarbeitet und ein aktiver und integrierter Teil der Gesellschaft ist.

Wird die Werbung dereinst helfen, das längst überholte, nur negative Bild vom Alter zu korrigieren? Werden neben den jungen Schönen bald auch aktive, gutgelaunte Alte in den Werbespots erscheinen? Wird die gestiegene Kaufkraft den alten Menschen mehr gesellschaftliche Anerkennung bringen? Viele der modernen Altersbilder geben zu Skepsis Anlass. Dennoch müssen sie zur Kenntnis genommen werden.

Ideen und Anregungen für eine erfüllte Freizeit

Reisen

Wer sich mit offenen Sinnen in eine fremde Umgebung begibt, kann viel Neues, Beglückendes, vielleicht auch Aufregendes und Fragwürdiges erleben. Wir begegnen Menschen mit anderen Lebensweisen und Ansichten und gewinnen so Distanz zu unserem eigenen Dasein. Das macht Mut, Gewohntes in Frage zu stellen, neue Wege auszuprobieren, beweglich zu bleiben. Rentnerinnen und Rentner haben dank genügend Freizeit ideale Voraussetzungen, um Reisen gut zu nutzen: Sie können ausserhalb des grossen Ferienrummels reisen. Sie haben Zeit, sich vor der Reise intensiv mit der Kultur ihrer Gastgeber zu beschäftigen und vielleicht sogar deren Sprache ein wenig zu lernen. Als Folge davon werden sie nicht von Sehenswürdigkeit zu Sehenswürdigkeit jetten, sondern sozial und ökologisch verträgliche Angebote auswählen. Dank der grossen Lebenserfahrung gelingt es manchen leicht, mit fremden Menschen eine Beziehung einzugehen.

Zunehmend entdeckt aber die Tourismusindustrie den Seniorenmarkt. Leerstehende Hotelkästen werden in der flauen Zwischensaison mit Betagten gefüllt, und farbige Prospekte versuchen den Menschen weiszumachen, jedermann müsse mindestens einmal im Leben die ägyptischen Pyramiden gesehen und seine Füsse in der Karibik gebadet haben. «Den Tadsch Mahal sehen und sterben», verkündete einst ein Dichter. Doch ist das Rentnerpaar nicht klüger, das stattdessen ein paar stille Tage in der Toscana geniesst oder an einem schönen Herbsttag in den Voralpen wandert? Einige Transportunternehmen gewähren den Rentnerinnen und Rentnern Vergünstigungen (SBB: Generalabonnement «Senior», Swissair: Spartarife für Senioren, europäische Eisenbahnen: Rail Europ S).

Bildung

Soviel möchten wir im Lauf eines Lebens in Erfahrung bringen – und haben als Erwerbstätige nicht die Zeit dazu. Nach der Pensionierung öffnet sich manchem Menschen noch eine völlig neue Welt: die früher (ungelesen) beiseitegestellten Bücher werden entstaubt, plötzlich gibt's Zeit für Museumsbesuche, Kurse und Gespräche mit andern Interessierten. Was mit Gwunder beginnt, wird nicht selten zur Liebhaberei. Das Erweitern des eigenen Horizontes, das Erkennen von bisher unbekannten Zusammenhängen schafft Lebensfreude. Aus der Teilnahme an Kursen, Exkursionen usw. ergeben sich neue Beziehungen. Der Wissensdurst der Pensionierten ist gross. Sie gehen in Migros-Klubschulen, besuchen Vorlesungen der Senioren-Universitäten, nehmen an Exkursionen der Volkshochschulen teil. Dazu kommen unzählige Veranstaltungen von Vereinen, Fachgesellschaften, lokalen Bildungsinstitutionen, Pro Senectute-Stellen und Senioren-Treffpunkten.

Altersturnen

Regelmässige körperliche Bewegung ist bis ins hohe Alter entscheidend für eine gute Gesundheit. Gemeinsames Turnen, Tanzen, Velofahren, Langlaufen, Schwimmen usw. bietet zudem viel Spass, Geselligkeit und Anteilnahme.

Gärtnern

Glücklicher Mensch, der einen Garten (oder wenigstens einen grünen Balkon) hat! Täglich ein paar Stunden an der frischen Luft, mit der Hacke, der Rebschere, dem Gemüsekorb – warum nicht auch mit der Zeitung im Lehnstuhl oder mit einer gemütlichen Jass- oder Gesprächsrunde unter dem schattigen Apfelbaum? Ein Garten verlangt Pflege, Aufmerksamkeit und gelegentlich körperliche Arbeit. Dafür gibt's eine direkte Belohnung: frisches Gemüse, Kräuter, Blumen, das Erlebnis der wechselnden Jahreszeiten. Immer mehr Seniorinnen und Senioren bemühen sich, im Garten auf die «chemische Keule» zu verzichten. Sie zeigen damit den Jüngeren, dass sie zu den Lebensgrundlagen der nachfolgenden Generationen Sorge tragen.

Seniorentheater

Sie schreiben Schwänke, nähen Kleider, bauen Bühnenbilder, lernen Rollen auswendig und stehen schliesslich auf den Brettern. In Kirchgemeindehäusern, Turnhallen und Kleintheatern begeistern gut drei Dutzend Senioren-Schauspieltruppen ihr Publikum. Einige gehen auf ausgedehnte Tourneen. Im Laientheater kommen die verschiedensten Talente und Neigungen zum Zug: Spielfreude, Geselligkeit, dramaturgisches Geschick, Auseinandersetzung mit Problemen der Zeit, Humor, Gedächtnistraining, handwerkliches Können. 1992 findet ein erstes schweizerisches Seniorentheater-Festival statt.

Aktivferien

Ferien für Pensionierte? In den Ohren von erwerbstätigen Junioren tönt das reichlich paradox. Doch auch ältere Menschen haben von Zeit zu Zeit das Bedürfnis nach einer «Klimaveränderung». Zunehmender Beliebtheit erfreuen sich die «Aktivferien». Sie verbinden Erholung und Geselligkeit mit einer speziellen Aktivität (Gedächtnistraining, naturkundliche Exkursionen, Sprachkurse, Kultur- und Kunstgeschichte, Tennis usw.). Ein umfassendes «Aktivferien-Programm» bietet die Stelle für Altersfragen der Migros, die durch das «Kulturprozent» des Grossverteilers subventioniert wird. Mehrere Tourismusunternehmen bauen ihr Angebot für Aktivferien der älteren Generation ebenfalls aus.

Naturerlebnis

Pilze sammeln, Biotope pflegen, Vögel beobachten, Pflanzen bestimmen, Tiere hegen – Beschäftigungen in der Natur sind erholsam, gesund und voller Überraschungen. Der Einsatz für die bedrohte Umwelt braucht Menschen aller Generationen. Die in einem langen Leben zusammengetragenen Kenntnisse und Erfahrungen können in sinnvollen Projekten eingesetzt werden.

Gesellschaftsspiele

Der wöchentliche Jass-Nachmittag, das Senioren-Schachturnier oder die Eile-mit-Weile-Runde bieten weit mehr als blosse Unterhaltung. Das Gedächtnis und die Reaktionsfähigkeit werden trainiert, zwischendurch wird gelacht und geplaudert, und so entstehen vielfach Beziehungen, die über den Schieber hinaus Bestand haben.

Wandern

Zu Fuss oder mit dem Velo die Umgebung erkunden, ist bei den Rentnern sehr beliebt. Der Zusammenschluss mit Gleichgesinnten fördert die Geselligkeit, bringt manche zusätzliche Anregung und ist auch aus Sicherheitsgründen (Unfälle!) empfehlenswert.

Bürgerinitiativen

Die Welt verändert sich – ob zum Bessern ist noch fraglich. Wer darauf verzichtet, sich zu informieren und im Rahmen seiner Möglichkeiten mitzubestimmen, über den wird verfügt. Rentnerinnen und Rentner haben viel Zeit. Sie haben keinen Chef, der ihren Spielraum einengt, sie müssen nicht – der Karriere zuliebe – aufs Maul sitzen. Die Welt braucht mutige Alte, die sich einsetzen für soziale Gerechtigkeit, Umweltschutz und die Demokratisierung aller Lebensbereiche. Ihre Kenntnisse und Erfahrungen können sie in Parteien, Kirchgemeinden, Bürgerbewegungen, Vereinen, Quartiergruppen oder Rentnerorganisationen verwerten.

Basteln
Die Schweizer sind ein Volk von Bastlern. Mit der Pensionierung gewinnt die Häkelarbeit, das Modellschiff, der geknüpfte Wandteppich oder die selbstgetöpferte Vase an Bedeutung. Manches Hobby findet im stillen Kämmerlein statt – und fördert klammheimlich die Vereinsamung. Das muss nicht sein: Viele Handarbeiten lassen sich – mit Begleitmusik, Kaffee und Kuchen – in Gemeinschaft machen, für Handwerker gibt's öffentliche Freizeitwerkstätten, Menschen mit dem gleichen Hobby treffen sich in Clubs. Und nebst den Senioren ist noch eine Generation bastelfreudig: die Kinder!

Entdeckungsreise ins Innere des Lebens

Wollten wir nicht schon immer (später einmal …) herausfinden, wie das alles zusammenhängt? Wann haben wir in unserem Leben die grossen Weichen gestellt? Wo wurden wir in der Kurve an die Wand gedrückt? Welche Schritte führten uns weiter, ins Abseits, auf neue Wege, im Kreis herum oder näher zu uns selber?

Die «Spurensicherung in eigener Sache» ist ebenso spannend wie schwierig. Nachdenken – Erinnern – Aufschreiben. Doch, ist das Gedächtnis ein verlässlicher Partner? Und lohnt sich die Schreibarbeit? Gar manche Autobiographie bleibt in der fernen Jugend stecken oder verstaubt in einer Schublade.

Die pensionierte Sekundarlehrerin Marlisa Fritschi hat an der Universität von Südkalifornien eine erfolgversprechendere Methode kennengelernt: die geführte Autobiographie (nach Birren und Hateley) in Gruppen. Anstatt den Lebenslauf chronologisch zu ordnen, befassen sich die Teilnehmerinnen (und die leider seltenen Männer, die sich auf ein solches Abenteuer einlassen) nacheinander mit neun wichtigen Erlebnisfäden. «Die Geschichte meiner Gesundheit und meines Körperselbstgefühls», «Erfahrungen mit dem Tod», «Meine Ursprungsfamilie und meine selbst gegründete Familie» oder «Hauptwendepunkte in meinem Leben» heissen einige Themen.

Wöchentlich trifft sich die Gruppe für einen halben Tag. Im ersten Teil vermittelt die Kursleiterin Informationen über Lebenszustände und Lebensentwicklungen sowie Anregungen zum Verfassen von Texten. Im zweiten Teil lesen die Gruppenmitglieder in der Kleingruppe von höchstens fünf Personen vor, was sie während der Woche geschrieben haben. Die Erinnerungen werden jeweils mit Hilfe einer Themenbeschreibung und vieler Fragen geweckt. «Manche schreiben ganz nüchtern, doch beim Vorlesen kommen dann die Gefühle. Oft ist es schon überwältigend, wenn jemandem plötzlich Zusammenhänge bewusst werden, wenn sichtbar wird, wie sich die einzelnen Erlebnisfäden und Ereignisfäden zu einem Lebensgewebe verbinden», erzählt Marlisa Fritschi. Von Woche zu Woche entwickelt sich durch die Anteilnahme der Gruppe eine Vertrauensbasis, welche alle ermutigt, auch in heikle Bereiche der Vergangenheit vorzustossen. Die Einsicht in fremde Lebensgeschichten hilft beim Erfassen der eigenen Biographie und fördert die Achtung vor dem Schicksal und Streben der andern.

Voraussetzung für die Teilnahme an einem Kurs sind persönliche Reife und seelische Gesundheit. Die geführte Autobiographie ist kein Therapieersatz! Idealerweise besteht eine

Gruppe aus Menschen verschiedener Generationen und unterschiedlicher Herkunft. Schreibkünste sind nicht erforderlich. Hingegen braucht es genügend Zeit, um in Ruhe auf seinen Lebensweg zu blicken.

Obwohl die Veröffentlichung des Geschriebenen nicht angestrebt wird, erhält manche Autobiographie noch einen grösseren Leserkreis. Da erfahren Kinder und Enkelkinder Überraschendes aus der fernen Jugendzeit der Grossmutter, und manche Erkenntis der Gruppenmitglieder gibt den Anstoss zu weiteren Nachforschungen oder Gesprächen mit Angehörigen.

6. Kapitel

Wohnen

Alte Bäume soll man nicht verpflanzen

«Alte Bäume soll man nicht verpflanzen», sagt das Sprichwort. Doch Menschen sind keine Bäume. Zwar brauchen auch die Menschen Wurzeln. Nur wer mit den Beinen fest auf der Erde steht, kann mit den Armen in den Himmel greifen.

Doch während die Wurzel den Baum an seinen Standort bindet, lernt der Mensch, zu wandern und immer wieder neue Wurzeln zu schlagen. Der Baum stirbt, wenn der Stamm von der Wurzel getrennt wird; der Mensch, wenn er aufhört, neue Wurzeln zu bilden.

Die eigenen vier Wände werden wichtiger

Verschiedene Umfragen zeigen: die meisten Menschen möchten möglichst lange in ihrer gewohnten Umgebung leben. In vielen Jahren haben sie Wurzeln geschlagen. Eine Wohnung oder ein Einfamilienhaus wurde liebevoll eingerichtet, ein Garten gepflegt. Über den Gartenzaun hinweg entwickelten sich nachbarschaftliche Beziehungen. Strassenzüge, Plätze und stille Weglein sind einem vertraut. Im Laden würde man auch blind die Butter im Regal finden. Der Metzger kennt unseren Geschmack. Alles Kleinigkeiten, die zusammen doch sehr viel Heimatgefühl ausmachen.

Nach dem Rückzug aus dem Erwerbsleben gewinnt die Wohnqualität noch an Bedeutung. Wir sind häufiger und länger zu Hause und verändern unsere Tätigkeitsfelder. Grund genug, um sich zu fragen, ob die Wohnverhältnisse noch unseren Bedürfnissen entsprechen und ob sie auch für spätere Tage geeignet sind. Drängt sich ein Umzug auf, sollte er möglichst frühzeitig geplant werden. Die Suche nach einer geeigneten Wohnung ist ein zeitraubendes, aufwendiges Unternehmen! Solange wir gesund und tatenfreudig sind, kann das Einrichten einer andern Wohnung, das Erkunden der neuen Umgebung und das Knüpfen neuer Beziehungen dem Leben positive Impulse geben. Wer hingegen in hohem Alter durch gesundheitliche, finanzielle oder andere Umstände zu einem Wohnungswechsel gezwungen wird, steht vor grossen Schwierigkeiten.

Die folgenden Fragen sollen Ihnen helfen, sich über Ihre heutige und zukünftige Wohnsituation klar zu werden:

Umgebung

• Fühle ich mich in diesem Dorf/dieser Stadt/diesem Quartier wohl? Werde ich mich hier auch noch in 10 oder 20 Jahren wohlfühlen?

- Wie ist mein Wohnort verkehrsmässig erschlossen? Wie werde ich einkaufen, Freunde und Verwandte besuchen usw., wenn ich einmal nicht mehr Auto fahren kann oder körperlich weniger mobil bin?
- Ist es in meiner Umgebung zu lärmig? Sind zusätzliche Strassen, Flugschneisen oder Discotheken geplant?
- Gelange ich zu Fuss/mit dem öffentlichen Verkehrsmittel ins Grüne, auf den Dorfplatz, ins Stadtzentrum?
- Ist meine Wohnung/mein Haus abgelegen? Habe ich nachts auf dem Heimweg manchmal Angst?
- Wie erreiche ich heute und in Zukunft die wichtigen Geschäfte und Dienstleistungsbetriebe (Lebensmittelladen, Post usw.)?
- Gibt es an meinem Wohnort die folgenden Dienste: Hausarzt, Hauspflege, Haushalthilfe, Gemeindeschwester, Mahlzeitendienst, Behindertentransport?
- Gibt es in meiner gewohnten Umgebung ein Alters- und Pflegeheim, in das ich übersiedeln kann, falls eigenes Haushalten einmal nicht mehr möglich ist?

Einfamilienhaus

- Nutze ich das Raumangebot des Hauses?
- Wie bewältige ich die Unterhaltsarbeiten in Haus und Garten?
- Werden in den kommenden Jahren Renovationen fällig? Wie werde ich diese finanzieren?
- Ist die Finanzierung des Hauses langfristig (auch im Fall des Ablebens eines Partners) gesichert?
- Wie alters- und behindertengerecht ist das Haus oder lässt es sich machen?

Wohnung

- Ist die Wohnung zu gross oder zu klein?
- Haben alle Bewohnerinnen und Bewohner genügend individuellen Raum (etwa für ein Hobby, für handwerkliche Tätigkeiten und dergleichen)?

- Bietet die Wohnung genügend Platz, um Besucher zu empfangen oder für Ferienaufenthalte von Enkelkindern?
- Ist die Wohnung lärmig?
- Wie sind die Beziehungen zum Vermieter und zu den Nachbarn?
- Ist das Mietverhältnis langfristig vertraglich abgesichert?
- Sind Renovationen und damit zusammenhängende Mietzinserhöhungen vorgesehen?
- Ist die Wohnung leicht zu pflegen (geeignete Bodenbeläge)?
- Ist die Wohnung behindertengerecht (rollstuhlgängig, Lift, gut erreichbare Haushaltgeräte usw.)?
- Hat die Wohnung einen Balkon?

Selbständig bis ins hohe Alter

Wissen Sie, wieviele alte Menschen in Altersheimen leben? Sind es fünf oder zehn Prozent? Die zuverlässigste Auskunft über die Wohnverhältnisse der Rentnerinnen und Rentner in der ganzen Schweiz gibt die ‹Eidgenössische Wohnungszählung› aus dem Jahr 1980. Danach lebten von den über 65jährigen

84,2% im eigenen Haushalt
6,5% bei Verwandten
7,2% in Kollektivhaushalten (Alters- und Pflegeheime, Spitäler usw.)

Selbst von den über 80jährigen führten noch zwei Drittel einen selbständigen Haushalt.

Ein Blick in die Statistik zeigt grosse regionale Unterschiede: In katholischen und ländlichen Gebieten leben überproportional viele Betagte bei ihren Kindern (in LU, UR, OW, FR und AI über 10%). In den Städten finden wir hingegen überdurchschnittlich viele Einpersonen-Haushalte.

Da Frauen durchschnittlich länger leben als Männer und häufig etwas jünger sind als ihre Ehepartner, ergeben sich auch markante Unterschiede nach Geschlecht: Ein weitaus grösserer Anteil der männlichen Betagten lebt in Familienhaushalten. In den Einpersonen-Haushalten und den Alters- und Pflegeheimen sind hingegen die Frauen in der Überzahl.

Mehrere Untersuchungen der letzten Jahre zeigen, dass das selbständige Wohnen und Haushalten einen sehr hohen Stellenwert besitzt. Die eigene Wohnung wurde über viele Jahre hinweg persönlich eingerichtet und gestaltet. Da steht alles an seinem Platz, verknüpft mit vielen Erinnerungen. Die Umgebung und die Nachbarn sind vertraut. Mit zunehmendem Alter zeigen sich aber auch Nachteile: Die Wohnungen sind vielfach zu gross und zu wenig pflegeleicht. Treppen, Schwellen, Holzöfen und schwer zugängliche Schränke verwandeln den Alltag in einen Hindernislauf.

Grosse Probleme verursacht der Immobilienmarkt. Wer seit Jahrzehnten in einem Altbau zur Miete oder in einem Einfamilienhaus lebt, zahlt in der Regel einen bescheidenen Zins. Wer hingegen auf dem «freien Markt» eine Wohnung sucht, muss mit einer Spitzenmiete rechnen. Dies führt dazu, dass Rentner und Rentnerinnen eher in ihrer zu grossen (preiswerten) Familienwohnung bleiben, statt in eine kleinere, altersgemässe Wohnung (mit höherem Mietzins) umzuziehen.

Bund und Kantone versuchen, durch die Subventionierung von Alterswohnungen dieses Problem wenigstens teilweise zu mildern. Alterswohnungen müssen bauliche Anforderungen erfüllen (Mindestgrössen, Rollstuhlgängigkeit, Balkon, Schallschutz usw.). Neben Alterssiedlungen (wo die Menschen zwar selbständig wohnen, gleichzeitig aber einzelne Dienstleistungen beanspruchen können) werden jetzt vor allem «Einstreuwohnungen» gefördert. In neuen Überbauungen sollen neben grossen Familienwohnungen kleine, altersgerechte Wohnungen integriert werden. Damit erhalten die Bewohnerinnen und Bewohner die Möglichkeit, im höheren Alter – wenn die Kinder ausgeflogen sind oder ein Ehepartner verstorben ist – innerhalb der gewohnten Umgebung in eine Kleinwohnung umzuziehen. Die altersmässige Durchmischung von Siedlungen soll auch dazu beitragen, dass generationenübergreifende Beziehungen entstehen – zum Nutzen von Jungen und Alten.

Alte und neue Wohnformen

Allzuviele alte Menschen leben allein in einer Wohnung, sind von der aktiven Welt isoliert und fühlen sich einsam. Andere ziehen widerwillig in ein Altersheim, weil sie in einzelnen Lebensbereichen auf Hilfe angewiesen sind. Gibt es für diese Menschen keine erfreulicheren Alternativen? Nein und Ja. Wer mit einer Änderung der Wohnverhältnisse zuwartet, «bis es nicht mehr geht», muss sich häufig mit kurzfristig arrangierten Notlösungen zufrieden geben – Lösungen, die selber kaum noch beeinflusst werden können. Wer sich hingegen früh um die Gestaltung der letzten Lebensjahre kümmert, hat die Chance, noch viel Neues und Beglückendes zu erleben. Als Anregung werden hier einige Wohnformen vorgestellt:

Drei-Generationen-Haushalt

Zu Gotthelfs Zeiten zogen sich die alternden Bauersleute ins Stöckli zurück und überliessen der jungen Familie Haus und Wirtschaft. Da und dort halfen sie noch mit, und bis ans Lebensende wurden sie verköstigt und versorgt. Rückblickend wird das Stöckli-Modell gerne idealisiert. In einer Zeit, in der Gebrechliche und Kranke von den Angehörigen rasch in anonyme Spitäler und Heime abgeschoben werden, weckt das freiwillige Zusammenleben von verschiedenen Generationen Bewunderung.

Reibungslos lief und läuft das Zusammenleben von Kindern, Eltern und Grosseltern oder andern Verwandten nirgends ab. Zu unterschiedlich sind die Lebenserfahrungen, Erziehungsstile, Wertvorstellungen und Zukunftserwartungen von Menschen aus verschiedenen Generationen. Doch das ist nicht nur Stoff für Auseinandersetzungen und Enttäuschungen, sondern kann – wenn die Konflikte fair ausgetragen werden – für alle Beteiligten bereichernd und anregend sein. Wichtig sind klare, offen ausgehandelte Grenzen, Rechte und Pflichten. Jeder Mensch braucht seinen Privatbereich, der von den Mitbewohnern respektiert wird. Eltern und Grosseltern müssen sich ihrer Rollen gegenüber den Kindern immer wieder bewusst werden. Wird ein gemeinsamer Haushalt geführt, sind die Finanzen (Anteil Miete, Kostgeld, Pflegegeld) klar zu regeln. Dies gilt vor allem dort, wo Eltern lange Zeit pflegebedürftig sind. Soll der Pflegeaufwand abgegolten werden, ist dies schriftlich zu vereinbaren. (Die gerechte finanzielle Entschädigung nach dem Tod scheitert häufig an den Rechtsansprüchen von Miterben!)

Alters-Wohngemeinschaft

Bis die ersten Kommunardinnen und bärtigen Kommunarden der achtundsechziger Generation pensionsreif werden, dauert's noch ein Weilchen. Dennoch gibt es auch in der Schweiz erste Alters-Wohngemeinschaften. Pionierarbeit haben ein paar lebensfrohe Frauen aus St. Gallen geleistet. Anstatt allein in einer Wohnung zu leben und vielleicht im hohen Alter in ein Altersheim zu wechseln, zogen sechs Frauen zusammen in eine Villa. Gemeinsam organisieren sie den Haushalt. Während Jahren sind sie dabei ohne Koch- oder Putzplan ausgekommen. Jede Frau leistet – entsprechend ihren Möglichkeiten – einen Beitrag ans Zusammenleben. Ist sie einmal krank und hilfsbedürftig, wird sie gepflegt und betreut. Wichtig ist aber nicht nur die Gemeinschaft («Wir verwöhnen einander und lassen uns verwöhnen…»), sondern die Möglichkeit, sich zurückzuziehen. «Wir sind uns nah und trotzdem unabhängig», beschreibt eine Initiantin ihr Lebensgefühl in der WG. Günstige Voraussetzungen bietet das grosszügige Haus, das in einem Park liegt.

Die Idee einer Wohngemeinschaft stösst bei der heutigen Senioren-Generation auf Interesse. Doch die Bereitschaft, auf die Privatheit der eigenen vier Wände teilweise zu verzichten und sich mit mehreren Menschen auf das Wagnis eines neuartigen Zusammenlebens einzulassen, ist noch gering. Eine Gruppe Gleichgesinnter zu finden, sich auf die Art des Zusammenlebens zu einigen, ein geeignetes Haus ausfindig zu machen, zu mieten oder zu kaufen und einzurichten – dies sind Aufgaben, die einen langen Atem, Begeisterungsfähigkeit und viel Toleranz erfordern.

Aufschlussreich ist ein Blick auf die holländischen Erfahrungen mit Alters-Wohngemeinschaften. Anders als in der Schweiz, wo sich über 70jährige Frauen zusammen für den letzten Lebensabschnitt einrichten, schliessen sich in Holland Männer und Frauen ab etwa 55 Jahren zusammen. Nicht die Angst vor der Einsamkeit oder den Altersbeschwerden steht im Vordergrund, sondern die Frage: «Was kann ich selbst in die Gemeinschaft einbringen, um das Leben erträglicher, vielseitiger und angenehmer zu machen?» Fast alle Senioren-Wohngemeinschaften in Holland sind in staatlich geförderten Neubauprojekten entstanden. Die Einzelpersonen und Paare haben jeweils eine kleine Wohnung. Dazu kommen grosszügige Gemeinschaftsräume: Essraum mit Küche, Gästezimmer, Bibliothek, Bastelraum. In diesen Gemeinschaftsräumen und dem Garten findet das WG-Leben statt. Es gibt regelmässig gemeinsame Mahlzeiten, Veranstaltungen und Diskussionen.

Wer sich für das Leben in einer Alters-Wohngemeinschaft interessiert, in- und ausländische Erfahrungen auswerten möchte oder Gleichgesinnte sucht, kann sich an Pro Senectute wenden (Adressen im Anhang, Seite 176).

Ab ins sonnige Spanien!

Wenn Ruhestand ewige Ferien bedeutet – warum sollte man dann seinen Lebensabend nicht im Ferienland Spanien, auf den Kanarischen Inseln oder sonst an einem schönen Plätzchen dieser Erde verbringen? Das milde Klima lockt, Palmen wiegen sich romantisch im Wind, und die Rente reicht auf Mallorca bekanntlich weiter als in Arbon, Zürich oder Ostermundigen. Bereits gibt es in Spanien Ortschaften und Siedlungen, in denen die deutschsprachige (Senioren-)Bevölkerung die Mehrheit bildet. Im Laden gibt's Weisswürste, den ‹Blick› und die ‹Bild-Zeitung›, und niemand muss lange nach Jass- und Skatbrüdern suchen. Doch reicht das? Um mit der einheimischen Bevölkerung ergiebige und tragfähige Beziehungen aufzubauen, sind sehr gute Sprachkenntnisse erforderlich. Wer die Landessprache (und allfällige lokale Dialekte) nicht beherrscht, bleibt Touristin oder Tourist. Dazu kommt, dass Fremde – zumal wenn sie in Massen auftreten – auch in der Fremde als fremd und bedrohlich empfunden werden. Die Zuzüger aus dem Norden bringen zwar harte Franken und D-Mark, einige Immobilien- und andere Händler verdienen an ihnen, doch der Rest der Bevölkerung hat vor allem Unannehmlichkeiten: steigende Bodenpreise, Infrastrukturkosten der Gemeinde, Bedrohung der traditionellen Kultur und Lebensweise durch die «Gast-Rentner».

Wer sich mit dem Gedanken trägt, den Lebensabend im Ausland zu verbringen, sollte unter anderem folgende Fragen klären:

- Wie wichtig sind mir vertiefte menschliche Beziehungen zu der einheimischen Bevölkerung?
- Genügen meine Sprachkenntnisse?
- Wie und wo finde ich neue Freunde?
- Wen werde ich vermissen (Freunde, Enkelkinder, Nachbarn usw.)?

– Wie werde ich den Kontakt zur Heimat und den Daheimgebliebenen aufrechterhalten?
– Wie werde ich am fremden Ort meine Zeit verbringen? Finde ich dort nicht nur Unterhaltung, sondern auch neue Anregungen, Herausforderungen und nützliche Betätigungen?
– Bin ich dort Teil eines nachbarschaftlichen und sozialen Netzes?
– Werde ich nach einem allfälligen Partnerverlust meinen Wohnsitz im Ausland beibehalten?
– Wie ertrage ich das Klima? (Vor der Niederlassung in allen Jahreszeiten dort Ferien machen!)
– Ist die Unterkunft für alle Jahreszeiten ausgerüstet? (Ferienhäuser in den südlichen Ländern sind häufig nicht wintertauglich!)
– Wie anfällig ist meine finanzielle Situation für Veränderungen des Wechselkurses? (Durch die europäische Integration gleicht sich das Preisniveau von Niedriglohnländern dem schweizerischen an.)
– Was für Auswirkungen hat der Auslandaufenthalt auf meine soziale Absicherung? (Bei vorzeitiger Pensionierung weiterhin AHV-Prämien zahlen! Unfall- und Krankenversicherungen auf das schweizerische Kostenniveau abstimmen. Reserve für allfällige Rücksiedlung bilden. Folgende Restriktionen beachten: Rentnerinnen und Rentner im Ausland erhalten keine Ergänzungsleistungen. Kantonale und kommunale Ergänzungsleistungen werden zum Teil nur an Pensionierte entrichtet, die mehrere Jahre in der betreffenden Gemeinde gewohnt haben. Dies kann mittellose Heimkehrer hart treffen. Bei Rückkehr in ho-

hem Alter kann es ausserdem schwierig sein, eine geeignete Wohnung oder einen Altersheimplatz zu finden.)

7. Kapitel

Heime und Residenzen

Sorgen, versorgen, überversorgen?

«Die Menschen kommen ins Altersheim, wenn's nicht mehr anders geht. Immer mehr treten direkt in eine Pflegeabteilung ein. Das Durchschnittsalter liegt jetzt bei 84 Jahren. Natürlich wäre es wünschenswert, dass auch Pensionäre kämen, die noch zwäg, unternehmungsfreudig und aktiv sind. In unserem Heim bieten wir viel Raum für die Verwirklichung eigener Bedürfnisse und Initiativen. Doch genutzt wird er kaum.

Der Weg in ein Altersheim oder eine Pflegeabteilung sollte keine Einbahnstrasse sein. Wenn sich jemand gesundheitlich erholt hat, sollte er oder sie die Möglichkeit haben, eine selbständigere Wohnform zu wählen.» (Rolf Kaiser, Leiter Alters- und Pflegeheim ‹Drei Linden›, Oberwil BL)

Daheim im Heim?

Wer möchte seine letzten Lebensjahre in einem Alters- und Pflegeheim verbringen? Fast niemand. Ist es leicht, in einem Alters- und Pflegeheim einen Platz zu finden? Keineswegs. Die meisten Heime haben lange Wartelisten. Für diesen Widerspruch gibt es mehrere Erklärungen: «Viele Leute sichern sich einen Platz vorne auf der Warteliste in der Hoffnung, dass sie ihn nie brauchen», erklärt ein Kenner. Gewichtiger ist der zweite Grund: Alte Menschen melden sich häufig nicht aus eigenem Willen, sondern auf mehr oder weniger sanften Druck von Angehörigen oder Sozialstellen fürs Altersheim an.

«Bei der Besichtigung loben die Töchter und Söhne den guten Kaffee, sagen: ‹Es ist schön hell und sauber.› Die alte Mutter sitzt verlegen da. ‹Ja, es ist schön hier.› Und doch krampft sich ihr Herz zusammen», berichtet ein Heimleiter.

Der Umzug in ein Alters- oder Pflegeheim ist ein einschneidender Schritt im Leben eines Menschen. Die Gegenwart von lauter sehr alten, zum Teil gebrechlichen, zum Teil apathisch herumsitzenden Menschen zwingt zu existenziellen Fragen: Gehöre ich nun auch zu diesen Alten? Kann ich nicht mehr für mich alleine sorgen? Ist dies die Endstation in meinem Leben? Geht's jetzt nur noch abwärts?

Ein Haus oder eine Wohnung werden (meist endgültig) verlassen. Vom Mobiliar, das sich in einem Leben angesammelt hat und überall Spuren dieses Leben trägt, müssen wenige Stücke ausgewählt werden. Der Rest verschwindet, bestenfalls bei Angehörigen, häufiger in der Brockenstube oder in der Kehrichtmulde. Gegenstände, die jahrzehntelang ihren Dienst erwiesen haben, sind nun überflüssig. Muss man sich da nicht selber überflüssig fühlen?

Hatte man früher ein Wohn-, ein Schlaf- und vielleicht ein Arbeitszimmer, eine Küche und ein Bad, konzentrieren sich nun die verschiedensten Lebens- und Tätigkeitsbereiche in einem Zimmer und einer Nasszone.

Besonders schmerzlich wird der Verlust von selbst gestaltetem Lebensraum empfunden, wenn jemand in ein Zwei- oder Mehrbettzimmer plaziert wird. Auch in neuen Pflegeheimen werden Doppelzimmer eingerichtet. Begründung: dies fördere die Kommunikation unter den Pensionären, wirke der Vereinsamung entgegen und senke zudem den Pflegeaufwand und die Kosten pro Patient.

Der persönliche Tagesrhythmus muss mit jenem des Heims abgestimmt werden. Die meisten Heime kennen feste Essenszeiten. Ob Herr X oder Frau Y dann Hunger hat, ist nicht entscheidend. Selbst in modernen Heimen mit flexiblen Essenszeiten gibt's Probleme: «Punkt zwölf Uhr sitzen alle am Tisch», erzählt ein Heimleiter. Nimmt sich eine Pensionärin die Freiheit, erst um halb eins zu erscheinen, riskiert sie spitze Bemerkungen («Braucht die eine Extrawurst?»). Nutzen die Pensionäre ihre Freiräume nicht regelmässig, werden diese vom Personal – das an rationellen Betriebsabläufen interessiert ist – eingeengt.

Die Beziehungen zu den Angehörigen können sich durch den Heimeintritt verändern. Töchter und Söhne fühlen sich von der Mitverantwortung für das Wohlbefinden der Mutter oder des Vaters entlastet. Zuständig ist jetzt das Pflegepersonal. Zahlt man dafür nicht einen beträchtlichen Pensionspreis? Jungen Menschen ist es ohnehin nicht wohl in der Altersheimatmosphäre (das erinnert zu sehr ans eigene Älterwerden ...). Die engen räumlichen Verhältnisse erschweren den Empfang von Besuchern. Begegnungen finden deshalb häufiger in der Öffentlichkeit – in der heimeigenen Cafeteria oder beim Muttertagsausflug – statt.

Ein grosses Problem (und Hauptgesprächsthema) für viele Altersheimpensionärinnen ist das Essen. Die einen finden's verkocht, die anderen können's kaum noch richtig beissen. Wer seiner Lebtage alles in Butter gedämpft hat, kann mit der gesunden – von der Diätberaterin wissenschaftlich begründeten – Kost wenig anfangen. In einem Kollektivhaushalt kann auf die individuellen Wünsche, Vorlieben und

Mödeli wenig Rücksicht genommen werden. Einzelne Heime bieten Wahlmenüs oder führen eine Negativliste, in der alle eintragen dürfen, dass sie keine Fischstäbli, keinen Rosenkohl oder keine gedämpften Tomaten mögen. Der Verzicht aufs Selbstgekochte ist trotzdem schmerzlich. Hier können die Angehörigen einspringen, indem sie Vater oder Mutter häufig zu einem Sonntagsbraten nach Grossmutterart einladen. Doch allen Klagen über das Heimessen zum Trotz: Nicht wenige alte Menschen leiden, wenn sie ins Heim eintreten, an Mangelerscheinungen, einzelne sind sogar unterernährt. Wenn sie ein paar Monate danach wieder aufleben, ist das Essen daran nicht unbeteiligt.

Alters- und Pflegeheime sind in gewissem Sinn eine Zwangsgemeinschaft. Wenige sind aus Lust und Freude hier, und seine Zimmernachbarin und den sabbernden Tischgenossen hat man sich schon gar nicht selber ausgesucht. Sich hier einzuleben bedeutet eine gewaltige Anpassungsleistung. Viele weichen dem Druck wenigstens teilweise aus, indem sie sich zurückziehen, Sicherheit und Privatheit suchen in den eigenen vier Wänden.

Der Eintritt in ein Heim ist aber nicht nur einschränkend und beengend, er ermöglicht auch neue Aktivitäten, Kontakte und Beziehungen. Hausarbeiten, die im eigenen Haushalt zunehmend zur Last wurden, erledigen jüngere Hände. Täglich kommt ein abwechslungsreiches und ausgewogenes Essen auf den Tisch. (Wieviele alte Menschen haben die Lust und Energie verloren, für ihren Ein-Personen-Haushalt täglich einzukaufen und zu kochen!?) Viele Alters- und Pflegeheime bieten Gelegenheiten zum Altersturnen, Basteln und Spielen. Konzerte, Lesungen und Ausflüge bringen Farbe in den Alltag. Menschen, die in ihren eigenen vier Wänden vereinsamt sind, knüpfen nochmals Beziehungen an und finden vielleicht noch neue Freunde.

Zahlreiche alte Menschen wurden vor dem Heimeintritt durch Angehörige gepflegt. Unsere Gesellschaft bietet dafür ungünstige Bedingungen (enge Wohnverhältnisse in Mietwohnungen, einseitige Zuordnung der Pflegeaufgaben an die Frauen, fehlende Entlöhnung für die Pflege von Angehörigen). Der Eintritt in ein Pflegeheim beendet nicht selten einen Zustand dauernder Überforderung der Betreuerin und ihrer Familie. Im Heim wird die Pflege durch speziell ausgebildetes Personal geleistet. Rund um die Uhr ist im Bedarfsfall jemand da. Diese Sicherheit und Entlastung stellt auch die Beziehung zwischen Pflegebedürftigen und ihren Angehörigen auf eine neue, weniger belastete Grundlage.

Altersheime abschaffen?

Im letzten Jahrzehnt wurden viele neue Alters- und Pflegeheime eröffnet. Hatten alte Menschen, die heutigen Pensionäre, nach ihnen begehrt? Als Argument in diese Richtung dienen die langen Wartelisten. Nicht weniger massgebend dürfte aber der Entscheid der Bundesbehörden gewesen sein, nach 1985 keine eidgenössischen Subventionen mehr an den Bau von Alters- und Pflegeheimen (mit Baubeginn bis spätestens Mitte 1990) zu bewilligen. Gemeinden, kirchliche und gemeinnützige Stiftungen, die sich noch rechtzeitig an der Bundeskrippe bedienen wollten, reichten Neu- und Umbauprojekte ein.

Alters- und Pflegeheime stehen in einem Spannungsfeld vielfältiger und teils widersprüchlicher Interessen: Da ist der alte Mensch. Er hat im Durchschnitt eine über achtzigjährige Geschichte, und seine individuellen Besonderheiten, Neigungen, Abneigungen, Wünsche, Ängste, Schrullen und Empfindlichkeiten sind ausgeprägter denn je. In einzelnen Bereichen braucht er Hilfe, Unterstützung, Anregung. In andern verfügt er über eine Fülle ungenutzter (also nutzloser?) Fähigkeiten und Ressourcen. Das Personal bemüht sich, auf jede Person individuell einzugehen. Doch dem sind Grenzen gesetzt durch Personalmangel, Schichtpläne, Ausbildungslücken, sprachliche Schwierigkeiten der vielen ausländischen Pflegerinnen, Zwang zu rationeller Arbeitsweise usw.

Die Trägerschaft, repräsentiert durch angesehene Bürgerinnen und Bürger der Gemeinde, wünscht eine ausgeglichene Betriebsrechnung. Im Heim sollen Sauberkeit und Ordnung (und trotzdem ein guter Geist) herrschen. Immer ist ein Heim auch Leistungsausweis für das soziale Gewissen einer Gemeinde oder Institution. Am meisten gefürchtet sind nebst roten Zahlen jede Art von Skandalen oder negativen Zeitungsmeldungen. Neuerungen, Unerprobtes, Unberechenbares bergen aber gerade die Gefahr des Scheiterns und damit das Risiko des schlechten Rufs.

Die Angehörigen, nicht selten beladen mit Schuldgefühlen, richten Forderungen ans Pflegepersonal. Wenn Vater oder Mutter schon im Altersheim leben müssen, sollen sie's gut haben. Und dann ist da gelegentlich noch der Blick auf die Erbschaft, die dank dem hohen Pflegegeld langsam dahinschmilzt.

«Altersheimleiter – Buhmänner der Nation?» fragte kürzlich zu Recht eine Fernsehsendung. Denn die Leiterinnen und Leiter der Alters- und Pflegeheime stehen im Zentrum dieser Spannungsfelder. Dabei müssen sie selber erst ihre Identität als Berufsstand finden. Heimleiter kann nämlich jeder werden, der eine entsprechende Anstellung findet. Eine berufsbegleitende Ausbildung ist freiwillig.

In Frage gestellt wird die Institution Altersheim auch durch den Ausbau der spitalexternen Dienste (Spitex, siehe auch Seite 145). Kann dem alternden Menschen in seiner gewohnten Umgebung nicht mit einfacheren (und kostengünstigeren) Mitteln gezieltere Hilfe geboten werden als im Heim? Führt die Fürsorge (und häufige Überversorgung) im Heim nicht zum Abbau intakter Funktionen (zum Beispiel der Fähigkeit, selber zu kochen) und wirkt so entmündigend? Ist der Hang zu klinischer Ordnung und Sauberkcit nicht ein Feind der Lebendigkeit? Solchen Fragen muss sich das Heim immer wieder aufs neue stellen.

Heime und ambulante Alterspflege können – wenn sie ihre Angebote sorgfältig auf die Bedürfnisse der betagten

Menschen ausrichten und gegenseitig abstimmen – eine wichtige Ergänzung sein. Viele Alters- und Pflegeheime erfüllen in ihrer Gemeinde Stützpunktfunktion, indem ihre Dienste – von der Cafeteria über das Altersturnen bis zur Physiotherapie und der Fusspflege – auch selbständig wohnenden Rentnerinnen und Rentnern offenstehen. Heime können Notfall- und Ferienbetten zur Verfügung stellen und damit Angehörige (und Spitexdienste) vorübergehend von der Pflege eines betagten Elternteils entlasten. Heime und ambulante pflegerische und hauswirtschaftliche Dienste können sich gegenseitig bei Personalengpässen (Ferienvertretungen usw.) unterstützen.

Fragen und Empfehlungen zum Thema Heim

Habe ich Anspruch auf einen Platz im Alters- und Pflegeheim?

Die Aufnahmebedingungen sind von Heim zu Heim verschieden. Viele Heime nehmen in erster Linie langjährige Einwohnerinnen und Einwohner der Trägergemeinde auf. Als zweite Kategorie folgen Bürger der Gemeinde oder Menschen mit nahen Verwandten in der Gemeinde. Erst wenn die Wartelisten dieser Kategorien abgetragen sind, können auch Neuzuzüger aus andern Wohnorten oder gar Kantonen berücksichtigt werden. Ortswechsel in hohem Alter können den Eintritt in ein Heim (und die Finanzierung mit kantonalen und kommunalen Ergänzungsleistungen und Beihilfen) erschweren oder sogar verunmöglichen. Zieht ein alter Mensch zum Beispiel zur Familie von Angehörigen in einer andern Gemeinde, sollte vorher abgeklärt werden, wo und unter welchen Bedingungen später ein Heimaufenthalt möglich ist. Viele Heime berücksichtigen bei Neuaufnahmen jene Bewerber, die zuoberst auf der Warteliste stehen. Andere Kriterien wie der Gesundheitszustand, die Wohnverhältnisse

91

oder das soziale Umfeld erfordern einen grossen Abklärungsaufwand und führen oft zu willkürlichen Lösungen. Es ist deshalb empfehlenswert, sich frühzeitig nach einem geeigneten Altersheimplatz umzusehen, die Aufnahmebedingungen genau abzuklären und sich allenfalls anzumelden.

Kann ich mir einen Altersheim- oder Pflegeplatz leisten?

Ein Tag im Altersheim kann – je nach Alter, Standard und Subventionierung des Heims – etwa zwischen 50 und 80 Franken kosten. In den Pflegeabteilungen kommen dazu tägliche Pflegetaxen bis über 100 Franken. Damit wird das Einkommen der meisten Rentner und Rentnerinnen überschritten. Dennoch scheitert ein Heimaufenthalt selten am fehlenden Geld. Altersheime sind in der Regel mit AHV und Pension (oder Ergänzungsleistungen) zu finanzieren. Für Pflegeheimaufenthalte gewähren verschiedene Kantone und Gemeinden Zuschüsse. Ist dies nicht der Fall, muss die Fürsorge einspringen. (Über Ergänzungsleistungen, Fürsorge und Verwandtenunterstützungspflicht finden Sie Hinweise im 2. Kapitel ab Seite 26.) In einzelnen Heimen werden die Pensionspreise nach Einkommen und Vermögen gestaffelt. Zuzüger zahlen in manchen kommunalen Heimen mehr als langjährige Gemeindeeinwohner.

Übernehmen Krankenkassen die Pflegekosten?

An den Pensionspreis eines Alters- und Pflegeheimes zahlen die Krankenkassen nichts, da dies keine krankheitsbedingten Kosten sind. An die zusätzlichen Pflegetaxen zahlen einzelne Kassen «freiwillige Beiträge». Dies führt in der Praxis zu Ungerechtigkeiten: Wer mit Altersbeschwerden in einem Spital liegt, weil kein Pflegeheimplatz frei ist, wird durch die Krankenkasse finanziert. Liegt der gleiche Patient in einem Pflegeheim, zahlt die Krankenkasse wenig bis nichts.

Für wen lohnt sich eine Pflegeversicherung?
In erster Linie für die Versicherungsgesellschaften, die in der
Angst vor Pflegebedürftigkeit und den daraus erwachsenden
hohen Kosten eine Marktlücke entdeckt haben. In zweiter Linie für jene Menschen, die sich einen Aufenthalt in einem
Pflegeheim auch selbst leisten können. Das tönt paradox, ist
es aber nicht: Für Pflegebedürftige ohne grosse Einkommen
und Vermögen besteht (wie vorne dargestellt) mit Ergänzungsleistungen, Beihilfen und der Fürsorge ein finanzielles
Auffangnetz. Dieses kommt bei wohlhabenden Menschen
nicht zum Tragen. Wer genügend Einkommen oder ein grosses Vermögen hat, muss die Pflegekosten zum grossen Teil selber berappen. Liegt jemand Monate oder gar Jahre in einem
Pflegeheim, schmilzt auch ein ansehnliches Vermögen rasch
zusammen. Dem wirkt die Pflegeversicherung entgegen. Sie
sorgt dafür, dass bei Pflegebedürftigkeit des Versicherten das
Vermögen für die Erben erhalten bleibt. Kritiker befürchten,
dass die neu geschaffene Versicherung des Pflegekostenrisi-
kos die Nachfrage nach Pflegeplätzen in Heimen und Seniorenresidenzen erhöhe.

**Was sind Vor- und Nachteile von
Seniorenresidenzen?**
Alters- und Pflegeheime wurden und werden durch verschiedene staatliche Subventionen unterstützt. Der Geldsegen ist
oft verbunden mit Auflagen: So dürfen zum Beispiel die Zimmer im Kanton Basel-Land nicht mehr als 20 Quadratmeter
messen. Andernorts müssen teilweise Zweibettzimmer gefüllt werden. Private Altersresidenzen sind frei von solchen
Vorschriften. Sie bieten – je nach Umfang der Brieftasche der
Pensionäre – ein grosszügiges bis luxuriöses Angebot.

In der Regel sind Residenzen kommerziell geführte, ge-
winnorientierte Unternehmen. Um in der zunehmenden
Konkurrenz erfolgreich zu sein, muss eine Residenz einen guten individuellen Service anbieten. Anders als im Altersheim
sind hier massgeschneiderte Angebote eher möglich. Eine

über die vertraglich vereinbarten Leistungen hinausgehende soziale Verpflichtung gegenüber dem Pensionär fehlt hingegen. Hat er kein Geld mehr, muss er sich wohl oder übel eine andere Unterkunft suchen (aber wo denn?). Wirft eine Residenz nicht genügend Gewinn ab, wird sie schliessen.

Der gegenwärtige Boom der privaten Altersresidenzen konzentriert sich auf Städte, das milde Tessin und einige Seeufer. Dies kommt den Träumen von vielen gesunden und wohlhabenden Jungrentnern entgegen. Es widerspricht aber der Idee, dass Menschen in ihrer angestammten Umgebung, in der Nähe von Verwandten und Freunden alt werden sollten. Wer sich für eine private Altersresidenz entscheidet, sollte darauf achten, dass auch bei Pflegebedürftigkeit der Aufenthalt bis ans Lebensende gewährleistet (und finanzierbar!) ist.

Alters- oder Pflegeheim?

Altersheime bieten traditionellerweise ein Zimmer (oft mit WC und Dusche), Verpflegung, Nachtpikettdienst, Betreuung sowie verschiedene Aktivitäten (Basteln, Spielen, Gymnastik, Ergotherapie, kulturelle Veranstaltungen, Gottesdienste usw.). Grundsätzlich sollen die Pensionäre und Pensionärinnen selbständig zum Speisesaal gehen und essen sowie sich anziehen und die Toilette besorgen können. Bei vorübergehenden gesundheitlichen Beschwerden ist in der Regel leichte Pflege vorgesehen.

Pflegeheime nehmen Menschen mit körperlichen und geistigen Beschwerden auf: alte Menschen, die sich zum Beispiel nicht mehr selber waschen, an- und ausziehen können, die beim Essen Hilfe brauchen, die urin- oder stuhlinkontinent sind oder unter geistiger Verwirrung leiden.

Der Bedarf nach Altersheimplätzen ist tendenziell rückläufig. Jener nach Pflegeplätzen steigt. Dies führt zu einem raschen Strukturwandel. Immer mehr Altersheime führen auch eine Pflegeabteilung oder verwandeln – ohne dass ein Zimmerwechsel nötig ist – Altersheimplätze in Pflegeplätze.

Der Grad der Pflegebedürftigkeit wird in der Regel durch den Arzt anhand eines differenzierten Fragebogens festgestellt. Entsprechend abgestuft sind die Pflegekosten.

Ferien vom Altersheim?

Auch Pensionäre von Alters- und Pflegeheimen haben manchmal das Bedürfnis nach einer Luftveränderung. Die gängigen touristischen Angebote sind aber nur geeignet für körperlich gesunde und geistig bewegliche Senioren. Sie kosten zudem viel Geld, das Heimpensionäre und -pensionärinnen oft nicht zur Verfügung haben. Dank dem Heimaustausch besteht trotzdem die Möglichkeit für einen anregenden, erholsamen, erlebnisreichen oder entspannenden Ferienaufenthalt. Das geht zum Beispiel so: Eine Pensionärin aus einem Alters- und Pflegeheim in Bern meldet der Heimleitung, dass sie im Kanton Appenzell Ferien machen möchte. Die Heimleitung nimmt mit der Vermittlungsstelle der Pro Senectute Kontakt auf. Diese sucht ein geeignetes Heim mit einer Pensionärin, die im Gegenzug Ferien in der Bundesstadt machen möchte. Beide Frauen stellen einander ihr Zimmer zur Verfügung, die Heime sorgen für freundliche Aufnahme und Betreuung. Kosten entstehen nur für die Reise, entweder mit den öffentlichen Verkehrsmitteln oder per Auto mit Verwandten oder freiwilligen Helfern. (Vermittlung siehe Anhang, Seite 186).

An wen richtet man Beschwerden?

Das Leben in einem Heim verläuft nicht konfliktfrei. Viele alte Menschen – Individualisten mit wenig Neigung zum kollektiven Grosshaushalt – leben auf engem Raum. Das Personal ist nicht selten bis über die Grenzen der Belastbarkeit gefordert.

Konflikte sollten nicht unter den Tisch gewischt, sondern möglichst durch die direkt Betroffenen auf faire Weise ausgetragen werden. Dies ist allerdings leichter gesagt als getan: Zwischen dem pflegebedürftigen alten Menschen, einer

Betreuerin und der Heimleitung besteht ein grosses Macht-gefälle. Dies veranlasst viele Pensionärinnen und Pensionäre, den Ärger hinunterzuschlucken oder an unpassender Stelle loszuwerden. Nicht selten greifen dann Angehörige an Stelle der betag-ten Mutter oder des Vaters ein. Dies wiederum führt zu Miss-verständnissen und Retourkutschen. Empfehlenswert ist grösstmögliche Offenheit: Keine Reklamationen über die Köpfe von Betroffenen hinweg! Nicht stellvertretend für an-dere handeln, sondern gemeinsam mit ihnen. Zuerst versu-chen, Auseinandersetzungen auf der Ebene der Direktbetrof-fenen zu lösen, und erst wenn dies nicht gelingt, Vorgesetzte ansprechen. In den meisten Fällen ist die Heimleitung «Schiedsrichter» für Konflikte. Dies ist unbefriedigend, wenn die Heimleitung selber als Partei an einer Auseinander-setzung mitbeteiligt ist. Die Trägerschaft kann dem begeg-nen, indem sie eine aussenstehende, unabhängige Vertrauens-person (die aber eng mit dem Heim verbunden und den Pen-sionären gut bekannt ist) als Ombudsmann oder Ombudsfrau einsetzt.

Haustiere im Alters- und Pflegeheim?

Fällt der Auszug aus der eigenen Wohnung, die Trennung von Möbeln und Erinnerungsstücken schon schwer, so wird der Abschied von der Hauskatze, dem Hund oder Kanarienvogel häufig zur Tragödie. Für viele alte Menschen ist ein vierbeini-ger Gefährte der treuste Begleiter. Und der darf nicht mit-kommen ins Altersheim? Bis vor wenigen Jahren war das Haustierverbot – aus Gründen der Hygiene, Ruhe und Ord-nung – in den meisten Heimen unantastbar. Jetzt entdecken einzelne Heime, dass Haustiere mehr Nutzen als Schaden an-richten. Auch alten Menschen tut es gut, für jemanden zu sor-gen, eine tägliche Aufgabe zu erfüllen und dafür mit vielfälti-gen Reaktionen belohnt zu werden.

Selbstverständlich muss die Haustierhaltung im Heim geregelt sein. Die Halterin oder der Halter müssen für Katz und Vogel selber sorgen. Andere Pensionäre dürfen nicht durch springende Hunde und fauchende Kater belästigt werden. Neben individuellen Haustieren werden mancherorts auch Kaninchen, Zwergziegen oder Enten gehalten. Pensionäre können bei der Pflege mithelfen. Die Tiere im Altersheimgarten bilden auch für Kinder und Besucher einen Anziehungspunkt.

Checkliste Alters- und Pflegeheim

Standort
– Wie geeignet ist der Standort für mich?
– Ist der Standort für Besucherinnen und Besucher geeignet?
– Ist das Heim mit öffentlichen Verkehrsmitteln erschlossen?

Wohnen
– Wie gross ist das Heim (Anzahl Pensionäre)?
– Wie gross sind die Zimmer?
– Gibt es nebeneinanderliegende Zimmer für Ehepaare? (eventuell mit Durchgang?)
– Können auch unverheiratete Paare zusammenziehen?
– Haben die Zimmer einen Balkon? Oder gibt es gemeinsame Balkons?
– Gibt es Mehrbettzimmer? Für wen?
– Wie sind die Zimmer ausgerüstet? WC? Dusche? Kochgelegenheit? Kühlschrank? Elektrobett? Telefon? TV-Anschluss? Notruf?
– Welche eigenen Möbel können mitgebracht werden?
– Wo gibt's Platz für eigene Pflanzen?
– Dürfen die Pensionärinnen und Pensionäre Haustiere halten?
– Gibt es mehrere Wohngruppen?

– Welche Etageneinrichtungen stehen zur Verfügung? (Küche, Terrassen, Aufenthaltsräume, Fernsehraum)
– In welchen Bereichen des Heimes ist das Rauchen erlaubt?

Pflege
– Was für pflegerische Dienste bietet das Heim? Leichtpflege bei vorübergehenden Erkrankungen im Altersheim? Hilfe bei der Medikamentenabgabe? Pikettdienst einer Nachtschwester? Weitere Dienste?
– Bietet das Heim auch Pflegeplätze für Chronischkranke oder geistig verwirrte Pensionäre (Psychogeriatrie)?
– Ist bei Pflegebedürftigkeit ein Zimmerwechsel nötig?
– Werden Paare bei Pflegebedürftigkeit des einen Partners getrennt?
– Besteht freie Arztwahl (Hausarzt oder Heimarzt)?

Aktivität
– Was für Aktivitäten und Kontaktmöglichkeiten bietet das Heim? Gibt es insbesondere:
– Öffentlich zugängliches Restaurant/Cafeteria?
– Öffentlich zugängliches Hallenbad?
– Altersturnen für Heimbewohner und Auswärtige?
– Beschäftigungs- und Ergotherapie?
– Ist Mithilfe erwünscht/erlaubt? (Rüsten, Kochen, Gartenarbeiten, Tischdecken, Blumen und Topfpflanzen betreuen)
– Ist Mithilfe bei der Leichtpflege von Mit-Pensionären erwünscht/erlaubt?
– Gibt es kulturelle und gesellige Veranstaltungen?
– Welchen Stellenwert hat die Religion im Heim? Welche Religion? Was bedeutet dies

für Nicht-Religiöse oder Angehörige religiöser Minderheiten?
- Wie nehmen die Pensionärinnen und Pensionäre von Verstorbenen Abschied?

Essen & Trinken
- Wie schmeckt das Essen? (mehrmals probeessen!)
- Gibt es Wahlmenüs oder andere Wahlmöglichkeiten?
- Gibt es vegetarische Kost und Diätmenüs?
- Sind die Essenszeiten fix?
- Wird die Möglichkeit von flexiblen Essenszeiten tatsächlich genutzt?
- Wird der Pensionspreis reduziert, wenn Pensionärinnen einzelne Mahlzeiten selber kochen?
- Werden die Sitzplätze im Essaal fest zugeteilt oder selber gewählt?
- Ist der Konsum alkoholischer Getränke erlaubt?

Hausordnung
- Wann ist das Heim für Besucher offen?
- Verfügen die Pensionäre über einen Hausschlüssel?
- Sind die Zimmer auch von innen abschliessbar?
- Gibt es eine Hausordnung?

Kosten
- Wie hoch ist der Pensionspreis?
- Wie hoch sind die Pflegetaxen je nach Pflegebedürftigkeit?
- Welche Zuschüsse gewähren Kanton und Gemeinde?
- Bestimmungen des Pensionsvertrags? (insbesondere: Kündigungsfristen, finanzielle Regelung bei Abwesenheit)

Eintritt
- Was für Bedingungen gelten für die Aufnahme?
- Gibt es Wartelisten?

- Wie werden Neueintretende ins Heim eingeführt? (Gibt es zum Beispiel ein Gotte- und
Götti-System für die Betreuung der «Neuen»?)
- Was für Mitsprache- und Mitbestimmungs-
rechte haben die Pensionäre?

Eine Alternative: Altersgemeinschaftswohnung Birsfelden

Das erste Bild des Besuchers ist zu idyllisch! Nur ein paar hun-
dert Meter vom Dorfkern entfernt, doch weg vom Autolärm,
steht ein modernes, helles, zweistöckiges Gebäude. Vor dem
riesigen Wohnraum ein Gartensitzplatz mit Grillofen, dahin-
ter Büsche, Bäume und eine Wiese, die zum Ufer der Birs hin-
unterführt. Eine alte Frau giesst mit der Spritzkanne Blumen-
rabatten, vom nahen Spielplatz her ertönt Kinderlachen.

Seit Mai 1989 leben hier acht Frauen und Männer in einer
Gemeinschaftswohnung, einer Dependance des Altershei-
mes ‹Zur Hard›. Durchschnittsalter: 86 Jahre. Vom Heim
wird täglich das Mittagessen geliefert, wöchentlich kommt
ausserdem der Putzdienst. Frühstück und Abendessen kochen sich die Pensionärinnen selber. Sie halten auch ihr Zimmer in Ordnung und sind für ihre Wäsche selber zuständig.
Täglich kommt für einige Stunden eine Betreuerin. Sie hilft,
das Gemeinschaftsleben zu organisieren, und unterstützt die
Pensionärinnen und Pensionäre nach Bedarf. Vorüberge-
hende Pflege wird durch die Gemeindeschwestern und die
Hauspflege gewährleistet. Bei dauernder Pflegebedürftigkeit
ist ein Umzug ins Alters- und Pflegeheim vorgesehen.

Das Modell «AGW Birsstegweg» wird zwar von Fachleuten mit grossem Interesse verfolgt, doch alte Menschen, die
in dieser Gemeinschaftswohnung leben möchten, melden
sich kaum. Die jetzigen Bewohner und Bewohnerinnen mussten aus einer sanierungsbedürftigen Alterssiedlung weichen

und – mangels Altersheimplätzen – mit der AGW vorliebnehmen. «Bei der heutigen Betagtengeneration kommt diese Wohnform leider noch nicht gut an», bedauert Heimleiter Hans-Peter Ulmann. Ziel ist denn auch eine grössere altersmässige Durchmischung. Für die Jüngeren fehlt aber weitgehend die Motivation, die eigene Wohnung aufzugeben, solange sie noch gesund und unternehmungsfreudig sind. Viele schreckt auch der Erwartungsdruck, den älteren Wohngenossinnen helfen zu müssen.

Wer jahrelang allein gelebt hat, hat verständlicherweise Mühe, einen grossen Teil des Tages in der Gemeinschaft zu verbringen. Die soziale Kontrolle ist in einer kleinen Gruppe grösser als in dem weitläufigeren, anonymeren Alters- und Pflegeheim. Das Bedürfnis ist deshalb gross, sich abzugrenzen. So kocht in der grossen Küche am Abend jede ihr eigenes Süppchen. Auch nach einem Jahr des Zusammenlebens ist das vertrauliche Du ungebräuchlich.

Trotzdem: Täglich sitzen die acht Menschen beim Mittagessen beisammen, plaudern beim Kaffee, unternehmen in kleinen Gruppen dies und das. Kleine Hilfestellungen und Aufmerksamkeiten sind selbstverständlich, und wenn eine Bewohnerin nicht zwäg ist, kann sie mit warmem Tee und Anteilnahme rechnen.

Der Pensionspreis liegt in der AGW zehn Franken unter dem des Altersheims, wo zusätzlich Frühstück und Abendessen inbegriffen sind. Kostendeckend ist er nicht. Die Liegenschaft wird von der Gemeinde praktisch unentgeltlich zur Verfügung gestellt. Dennoch finden einzelne Angehörige der Pensionärinnen den Tagessatz von 57 Franken für ein Zimmer mit WC, Gemeinschaftsbad und -duschen, Mittagessen, Gemeinschaftsräumen zu hoch. Die Aufgaben der Betreuerin, die mit den Bewohnerinnen auch mal beim Kaffee sitzt, wenn Besuch erscheint, werden zum Teil nicht verstanden oder als überflüssig empfunden.

Das Konzept, das den alten Menschen möglichst viel Eigenaktivität und Selbständigkeit zuordnet, gerät in Konflikt mit der weitverbreiteten Konsum- und Dienstleistungsmentalität. «Warum soll eine über 80jährige Frau mit Hilfe der Betreuerin lernen, die Waschmaschine im Keller zu bedienen? Zahlt man nicht genug Pensionsgeld, damit solche Arbeiten von Hilfskräften erledigt werden könnten?» Solche Einwände von Angehörigen geben immer wieder Anlass zu Diskussionen.

«Die AGW bildet eine Alternative zur Alterswohnung wie auch zum Alters- und Pflegeheim. Die betagten Bewohnerinnen und Bewohner der AGW sollen ihren Neigungen und Möglichkeiten entsprechend ihren persönlichen Alltag wie auch denjenigen der Gemeinschaft selbständig und unabhängig gestalten können.» Diese edlen, vor der Eröffnung formulierten Ziele gelten auch heute noch. Ob das Projekt Altersgemeinschaftswohnung jedoch Zukunft hat, entscheiden in den nächsten Jahren die betagten Birsfelderinnen und Birsfelder mit dem Anmeldeformular selbst – ihren Neigungen und Möglichkeiten entsprechend.

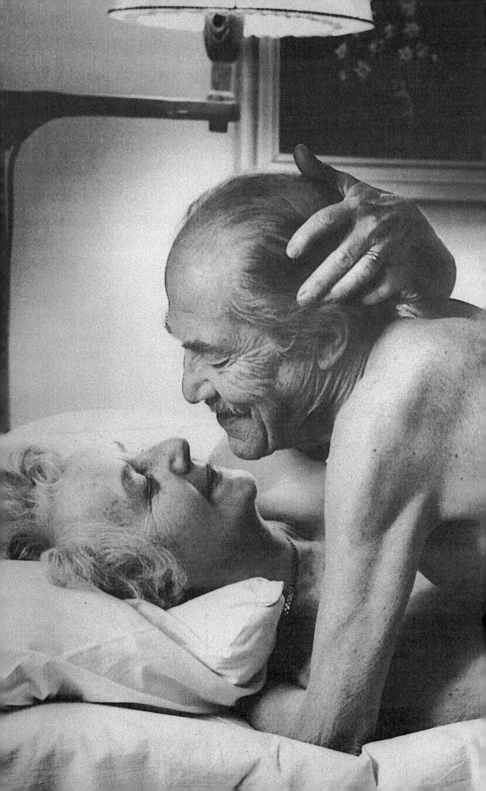

8. Kapitel

Sexualität

Gut ist, was einem Freude macht

«Auch im Alter braucht sich niemand seiner sexuellen Begierde zu schämen, im Gegenteil. Was die Natur ihm geschenkt hat, sollte er im Rahmen seiner Möglichkeiten und Gegebenheiten ausleben. Er setze sich über Tabus hinweg und fühle sich auch in geschlechtlicher Hinsicht als eine freie Persönlichkeit, die über dem steht, was die Leute sagen. Auch Junggesellen und Junggesellinnen, Witwer und Witwen mögen ihre Hemmungen in einer Zeit ablegen, in der die Sexualität öffentlichkeitsfähig geworden ist.» (Dr. med. Hans-Joachim von Schumann in seinem Buch ‹Liebe und Sexualität in der zweiten Lebenshälfte›)

Machen alte Menschen Liebe?

Kennen Sie alte Menschen, die befriedigende sexuelle Beziehungen miteinander pflegen? Sind die alten Menschen, die Sie kennen, sexuell noch aktiv? Solche Fragen führen meistens in Verlegenheit. Wir wissen wenig über das Intimleben selbst unserer nahen Angehörigen. Junge Menschen haben oft grosse Mühe, sich vorzustellen, dass alte Menschen – oder gar ihre eigenen betagten Eltern oder Grosseltern – zusammen ins Bett gehen. Alte, nackte, runzlige Leiber – das stellt man sich lieber nicht vor.

In der Öffentlichkeit wird Liebe, Lust und Leidenschaft der Jugend zugeordnet. Erotische Reize sind in der Werbung und in den Medien allgegenwärtig, doch fast immer gehen sie von knackigen, satten, makellosen Schönheiten aus. Selbst in der Literatur und im Film sind fast ausschliesslich Junge an erotischen und sexuellen Szenen beteiligt. Werden ausnahmsweise alte Liebende dargestellt, hat dies häufig einen anrüchigen Unterton. Auf Gemälden sehen wir zum Beispiel alte Männer als «Lustgreise», die an Früchten naschen, die ihnen längst nicht mehr zustehen.

Jahrhundertelang dominierten in unserem Kulturkreis moralische und religiöse Vorstellungen, welche die Sexualität in einem sehr engen Verhältnis zur Fortpflanzung sahen. Individueller Lustgewinn (insbesondere für die Frau) war kein Thema oder galt sogar als Sünde. Kinder und Alte wurden als asexuelle Wesen verstanden. Vor allem mit den Erkenntnissen von Sigmund Freud begann sich eine andere Sichtweise durchzusetzen: Sexuelle Triebe sind ein lebenslänglicher Begleiter des Menschen. Sexualität ist weit mehr als nur ein Mittel zur Fortpflanzung und biologischen Arterhaltung.

Die «sexuelle Revolution» der vergangenen Jahrzehnte hat den persönlichen Lustgewinn in den Mittelpunkt gerückt und die Fortpflanzung mit Hilfe der Antibabypille regulierbar gemacht. Die junge und mittlere Generation feierte die sexuelle Befreiung. Der vor- und ausserehelichen Geschlechtsverkehr wurde salonfähig, Selbstbefriedigung als normal hingenommen – doch die Sexualität der Alten blieb ein Tabu.

In Wirklichkeit sind die meisten Menschen – sofern sie gesund sind und einen Partner oder eine Partnerin haben – bis ins hohe Alter sexuell aktiv. Liebe, Zärtlichkeit und Erotik erfüllen das Leben vieler alter Menschen. Das öffentliche Schweigen über diese Tatsache, das Fehlen von Leitbildern ist belastend. Tut man nicht etwas Ungehöriges, wenn dies von der Gesellschaft peinlich verschwiegen wird? Kann das Liebesleben der älteren Menschen standhalten angesichts der öffentlich dargestellten und von riesigen Industriezweigen kommerziell ausgeschlachteten Erotik der Jungen und Schönen?

Sexuelles Verhalten in der zweiten Lebenshälfte

Über das sexuelle Verhalten der Menschen – insbesondere der älteren Menschen in der Schweiz – ist wenig bekannt. Die Ergebnisse vereinzelter Studien sind mit grösster Vorsicht zu geniessen: Die meisten Leute reden nicht gerne über ihr Intimleben. Die Neigung, Unangenehmes zu verschweigen oder dem Befrager zu erzählen, was man für «normal» hält, ist bei diesem heiklen Thema besonders gross.

Die folgenden Angaben sollten nicht als «normales Verhalten» oder gar als «moralische Richtschnur» missverstanden werden. Jeder Mann und jede Frau müssen selbst herausfinden, was für sie gut ist. Die Beschäftigung mit dem Verhalten der andern kann dabei immerhin als Anregung dienen.

Männer und Frauen können ihre sexuelle Erlebnisfähigkeit bis ins hohe Alter erhalten. Hatten sie in jungen Jahren ein befriedigendes Liebesleben, ist auch die Chance für ein sexuell erfülltes Alter am grössten. Menschen, die mit ihrer Sexualität wenig zufrieden sind, neigen dazu, das Alter als

Argument für sexuelle Abstinenz zu verwenden. Frauen äussern sich negativer zur Sexualität im Alter als Männer. Viele ältere Menschen verzichten auf sexuelle Handlungen nicht aus Mangel an Lust, sondern weil die Partnerin oder der Partner dies als «ungehörig» betrachtet.

Gemäss der ‹Schweizerischen Studie Sexualität im Alter› (SSSA) aus dem Jahr 1978 nehmen die sexuellen Aktivitäten etwa vom 50. Lebensjahr an markant ab. Hatten von den Jüngeren noch 57% der Befragten häufig Geschlechtsverkehr, so sinkt dieser Anteil rasch auf unter 20% (über 75jährige: 17%). Der Anteil der Befragten ohne jeden Geschlechtsverkehr steigt dagegen kontinuierlich an (60- bis 64jährige: ein Drittel, über 75jährige: 51%). Gemäss SSSA nimmt die Neigung zum ausserehelichen Geschlechtsverkehr bei den Männern mit steigendem Alter zu (und bei den Frauen die Antwortverweigerungen ...).

Die Vermutung, dass die Selbstbefriedigung im Alter infolge häufigen Partnerverlustes an Bedeutung zunimmt, fand in der SSSA keine Bestätigung. Ein sehr hoher Anteil der älteren Frauen verweigerte auf diese Frage die Antwort. Selbstbefriedigung ist in der heutigen Rentnergeneration offensichtlich ein negativ belastetes Tabuthema.

Körperliche und psychische Veränderungen

Das amerikanische Forscherpaar Masters und Johnson hat die körperlichen Reaktionen während des Geschlechtsverkehrs und beim Onanieren umfassend untersucht. Dabei zeigten sich einige altersbedingte Veränderungen.

Beim Mann: Anders als in der Jugendzeit dauert es beim älteren Mann in der Regel länger, bis er sexuell erregt ist. Der Penis wird langsamer steif. Die Erektion erreicht nicht mehr die frühere Stärke, ist aber ausreichend, damit der Penis in die Scheide eingeführt werden kann. Die sogenannte Plateauphase (zwischen Erektion und Orgasmus) dauert hingegen wesentlich länger. Der ältere Mann lässt sich Zeit, um die körperliche Liebe zu geniessen. Sein Drang zum Samenerguss ist geringer. Der Orgasmus ist weniger heftig, bereitet deswegen aber kaum weniger Lust. Danach bildet sich der Penis rasch in den «Normalzustand» zurück. Der ältere Mann braucht eine längere Ruhezeit, bis eine erneute Erektion möglich ist. Für viele Männer ist die Sexualität stark mit dem Leistungsdenken verknüpft. Sie erleben die «abnehmende Potenz» als Einbusse, die entsprechend ihr Selbstwertgefühl dämpft. So wird die Sexualität im Alter etwas Negatives, Bedrohliches. Und die Angst vor dem «Versagen» ist dann häufig die Ursache tatsächlich auftretender Potenzprobleme.

Bei der Frau: Durch die Wechseljahre, durch das allmähliche oder plötzliche Ausbleiben der Monatsblutung, erlebt die Frau deutlicher als der Mann den Übergang in eine neue Lebensphase. Die Chance, Kinder zu gebären, erlischt – ebenso wie die Angst vor unerwünschter Schwangerschaft. Erhalten bleibt hingegen die sexuelle Erlebnisfähigkeit.

Die hormonale Umstellung bewirkt – ähnlich wie beim Mann – Veränderungen der sexuellen Reaktionsweisen: Bei älteren Frauen kann es nach Beginn der sexuellen Erregung mehrere Minuten dauern, bis die vaginale Gleitsubstanz abgesondert wird. Die Dehnbarkeit der Vagina nimmt ab. Dies kann zu Beschwerden führen, die in der Regel mit Hormontabletten behoben werden. Die Orgasmusphase der älteren Frauen ist meistens kürzer als bei jüngeren.

Gedanken und Empfehlungen
zum Thema Sexualität

Liebe, Zärtlichkeit und Sexualität

Die Liebe kennt unendlich viele Formen: Zwei Menschen, die sich vertraut zulächeln, in glücklichen und schweren Stunden die Hände halten, übers Haar streicheln, küssen oder zusammen Liebe machen. Menschen, die sich necken, miteinander flirten, sich beim Tanzen in die Arme nehmen, in einem langen Gespräch Vertrauen finden. All dies gehört zum Leben – in der Jugend wie im Alter.

Geniessen Sie die ganze Vielfalt an Liebe, die Ihnen das Leben bietet. Zeigen Sie andern Menschen Ihre Zuneigung und verschenken Sie grosszügig Zärtlichkeit. Lassen Sie sich durch Enttäuschungen nicht entmutigen. Liebe und Zärtlichkeit sind so wichtig wie Essen und Trinken – für Ihre Mitmenschen ebenso wie für Sie selbst.

Recht auf Sexualität

Männer und Frauen behalten bis ins hohe Alter ihre sexuelle Erlebnisfähigkeit. Regelmässiger Geschlechtsverkehr kann viel zu einem gesunden, glücklichen und erfüllten Alter beitragen. Gesellschaftliche Vorurteile, die ältere Menschen als «asexuelle Wesen» missverstehen, sollten überwunden werden. Auch alten Menschen muss zugestanden werden, dass sie ihre Sexualität im Rahmen ihrer veränderten Möglichkeiten ausleben.

Keine sexuelle Leistungspflicht

Die sexuelle Freizügigkeit der vergangenen zwei Jahrzehnte hat bei Jungen und Alten teilweise ein neues Leistungsstreben gefördert. Wer in sein will, hat auch im Bett sein «Pensum» zu erfüllen. Hat nicht Charly Chaplin noch im Greisenalter mit einer jungen Frau reihenweise Kinder gezeugt?

Wird das alte Vorurteil von den «asexuellen Alten» durch das des «greisen Potenzprotzes» abgelöst, ist nichts gewonnen. Denn beide Klischees tragen der Wirklichkeit kaum

Rechnung und zwingen das Individuum in eine unpassende Rolle. Zum Recht auf sexuelle Betätigung im Alter gehört auch das Recht, sich für sexuelle Abstinenz zu entscheiden. Mann und Frau sind sich in dieser Frage oft nicht einig. Das Interesse an der Sexualität erlahmt nicht immer im gleichen Mass und Zeitpunkt. Wichtig ist, dass sich die Partner immer wieder offen über ihre Bedürfnisse, Erwartungen, Hoffnungen und Ängste aussprechen. Bis ins hohe Alter bleiben viele Wege für Sexualität, Liebe und Zärtlichkeit offen.

Günstiges Umfeld für die Liebe schaffen

Die sexuelle Erlebnisfähigkeit im Alter hängt stark mit dem Liebesleben in jüngeren Jahren zusammen. Wer eine grosse Variationsbreite erotischer und sexueller Formen entwikkelt hat, dem stehen auch im Alter viele Möglichkeiten offen.

Eine gesunde Lebensweise, ausgeglichene Ernährung, Körperpflege, Bewegung, Geselligkeit und vielfältige soziale Beziehungen schaffen günstige Voraussetzungen, um auch sexuell aktiv zu bleiben und Möglichkeiten zu Liebesbeziehungen zu erhalten oder neu zu entwickeln.

Selbstbefriedigung

Viele alte Menschen (vor allem Frauen) haben keinen Geschlechtspartner. Selbstbefriedigung ist in diesem Fall die naheliegendste Form sexueller Aktivität. Für die heutige Rentnergeneration ist das Onanieren aber mit negativen Gefühlen verbunden. Denn in ihrer Jugend galt Selbstbefriedigung als «ungesund», «lasterhaft» oder sogar als «sündig». Heute wird die Selbstbefriedigung als eine Form sexueller Lust akzeptiert. Untersuchungen zeigen, dass viele Menschen auch neben einer glücklichen Paarbeziehung gelegentlich onanieren. Selbstbefriedigung ist ein natürlicher Teil der Sexualität. Sie kann viel zur Vitalität und Lebensfreude auch älterer Männer und Frauen beitragen.

Sexuelle Störungen

Neben den natürlichen, altersgemässen Veränderungen der Sexualität treten zum Teil altersbedingte Probleme auf, die das Sexualleben beeinträchtigen. Für die Betroffenen ist es oft nicht einfach, die Ursachen einer Störung zu beurteilen. So kann zum Beispiel Impotenz beim Mann die Folge einer Arterienverengung, einer Diabetes oder psychischer Ursachen sein. Wenn Sie unter Beschwerden leiden, wenden Sie sich an Ihren Arzt, einen Eheberater oder eine Psychologin.

Intimsphäre im Alters- und Pflegeheim

Auch Pensionärinnen und Pensionäre von Heimen haben sexuelle Bedürfnisse. Leider besteht häufig keine Möglichkeit, diese auf eine befriedigende Weise auszuleben. In vielen Heimen herrscht eine betont lustfeindliche, klinische Atmosphäre. Das muss nicht sein. Zuneigung und Zärtlichkeit zwischen Pensionärinnen und Pensionären bringen neue Lebensfreude in den sonst eher ereignislosen Heimalltag. Die Intimsphäre aller Bewohnerinnen und Bewohner sollte so geachtet werden, dass selbst sexuelle Handlungen ohne strafende Blicke des Personals möglich sind.

Liebe im Alter ist etwas Wunderbares

«Ich bin 62 Jahre alt, mein Partner ist 72. Wir sind nicht verheiratet, leben aber seit sieben Jahren mehr oder weniger viel zusammen. Unser Sexualleben klappt sehr gut, ich mag es fast nicht sagen, weil das für viele Leute doch unglaublich klingt. Sexualität im Alter ist eine grosse Beglückung und Bereicherung, allerdings ... man muss auch Verantwortung füreinander tragen. Wir sind etwa fünf Tage in der Woche zusammen. Jeder von uns braucht auch etwas Freiraum, aber in einer Notsituation wären wir selbstverständlich füreinander da.

In einer Beziehung kommt es viel aufs Verstehen an. Es braucht ja nicht immer der Geschlechtsakt zu sein, sondern die Zärtlichkeit, wie man miteinander umgeht, liebe Blicke, ein Streicheln, eine gemeinsame Arbeit können ganz enorm binden. Ich glaube, das ist auch die Grundlage für eine schöne sexuelle Beziehung. Im Alter müssen die Gefühle nicht mehr himmelhochjauchzend sein. Vielleicht ist man abgeklärter, toleranter, dankbarer für die Geschenke des Lebens. Doch, Liebe im Alter ist etwas Wunderbares.» (Paula B. in einer Radiosendung über Sexualität im Alter)

9. Kapitel

Beziehungen

Der Mensch – ein soziales Wesen

«In jungen Jahren waren Kontakte überhaupt kein Problem. Da war die Familie; die Kinder brachten Freunde, später ihre Partner nach Hause. Der Mann hatte Kollegen, Freunde von Beruf, Sport und Verein. Aber dann zogen die Kinder aus. Der Mann ist gestorben, und ich blieb allein mit meinem alten Hund zurück. Als ich dann den geliebten Vierbeiner auch hergeben musste, fehlten die täglichen Spaziergänge und die Begegnungen mit den andern Hundebesitzern. Die Isolation war Tatsache. Das wurde mir plötzlich bewusst, als ich mich ertappte, wie ich mit mir selber sprach, und nachrechnete, dass ich 24 Stunden mit niemandem gesprochen hatte. Irgendeinmal ist mir bewusst geworden, dass ich etwas dagegen unternehmen muss.» (Frau O. L. in der ‹Zeitlupe› Nr. 1/1990)

Beziehungen – Alleinsein – Einsamkeit

Menschen sind soziale Wesen. Schon als kleine Kinder wachsen sie in ein vielfältiges Netz menschlicher Beziehungen hinein. Von Menschen erhalten sie Nahrung, Zärtlichkeit, Anregung, Aufmunterung, Tadel. Mit Menschen verbinden sie – ein Leben lang – Gefühle: Liebe, Hass, Dankbarkeit, Schuld, Bewunderung, Abscheu. Täglich kommunizieren Menschen miteinander: sie tauschen beim Einkaufen ein paar freundliche Worte aus, lächeln einander im Tram schweigend zu (oder schauen ärgerlich zur Seite), streiten, flirten, diskutieren, plaudern und philosophieren. Menschen gehen zusammen auf Reisen, freuen sich am Schönen, kämpfen für gesellschaftliche Verbesserungen, helfen einander beim Verdauen von Enttäuschungen, träumen miteinander und holen einander auf den Boden der Realität zurück. Mensch sein – bedeutet das nicht immer auch Mitmensch sein?

Leider gibt es in zunehmendem Mass Menschen, die einsam sind, die tagelang mit niemandem reden, denen – ausser der Ansagerin des Fernsehens – niemand zulächelt. Enttäuschende Erlebnisse werden nicht mehr mit Freunden besprochen, auf ihre möglichen Ursachen und Lösungen hin überprüft, sondern hinuntergeschluckt. Signale von aussen prallen ab. Die Kommunikation mit der Umwelt ist kärglich, der «Stoffwechsel» mit der Gesellschaft gestört.

Einsamkeit macht krank. Verschiedene Untersuchungen, die in den letzten Jahren in der Schweiz durchgeführt worden sind, zeigen deutlich den Zusammenhang zwischen dem Vorhandensein eines Beziehungsnetzes sowie persönlichem Wohlbefinden und Gesundheit. Sich abkapseln (und in der Folge von der Umgebung abgeschrieben werden) ist ein gesundheitlicher Risikofaktor. Einsame Menschen werden schwerer mit Schicksalsschlägen (gesundheitlichen Einschränkungen, Wohnungsverlust, Tod von Angehörigen usw.) fertig.

Im Alter steigt das natürliche Bedürfnis, viel in Ruhe und allein zu sein. Gleichzeitig nimmt die Gefahr zu, einsam zu werden. In den folgenden Abschnitten werden die Möglichkeiten besprochen, bis ins hohe Alter vielfältige und allseitig befriedigende menschliche Beziehungen zu erhalten.

Beziehung zur Partnerin, zum Partner

Grossvater und Grossmutter händehaltend auf dem Bänklein in der Abendsonne. Der Maler Albert Anker hat die Idylle auf der Leinwand festgehalten. Das Alter als Zeit der Reife und der Ernte. Das ist schön, aber nur ein Teil der Wirklichkeit. Zusammen alt werden, bedeutet auch Krisen, heisst möglicherweise Herausforderung bis zum letzten Atemzug.

Der Rückzug aus dem Erwerbsleben markiert den Beginn eines neuen Lebensabschnittes (siehe auch 3. Kapitel, Seite 39). Einige Aspekte der Partnerschaft müssen neu ausgehandelt werden: Wieviel gemeinsame Aktivitäten, wieviel Selbständigkeit? Wer übernimmt welche häuslichen Pflichten? Wie werden Zeit und Raum aufgeteilt, wenn nun zwei Menschen eng zusammenleben? Unterschiedliche Zukunftsvorstellungen müssen angeglichen werden. Wenn weniger Geld zur Verfügung steht, gilt es, eine gerechte «Lastenverteilung» zu finden. Neben den praktischen Fragen stellen sich grundsätzlichere: Was wollen wir gemeinsam noch erleben? Welche Beziehungen sind neben der Partnerschaft wichtig? Wie können wir die individuellen Pläne der Partnerin, des Partners unterstützen? Wie geht das Leben weiter, wenn der Partner, die Partnerin krank wird oder stirbt?

Empfehlungen

- Offenheit, Ehrlichkeit gegen sich und die andern sind wichtige Voraussetzungen, um unterschiedliche Bedürfnisse rechtzeitig zu erkennen, auszusprechen und Konflikte fair auszutragen.

- Periodische Standortbestimmungen helfen, Unzufriedenheiten beim Namen zu nennen, Missverständnisse zu klären und neue Pläne zu schmieden. Eine Reise, ein Wochenende im Landgasthof oder ein Nachtessen in gemütlicher Atmosphäre bieten einen guten Rahmen für solche Gespräche.
- Nähe und Distanz! Schön, wenn sich alte Menschen stützen und füreinander sorgen. Dauerndes Zusammensein kann aber nicht nur Geborgenheit erzeugen, sondern auch zu Abhängigkeit, Einengung und Bedrängnis führen. Haben beide Partner hingegen auch eigenständige Interessen, Erlebnisbereiche und Beziehungen, bringt dies neue Spannung und Belebung in die Partnerschaft.
- Im Alter können (wie in jungen Jahren) nicht alle Probleme aus eigener Kraft gelöst werden. Tauchen in der Partnerschaft immer wieder ähnliche Konflikte auf, die schwer lösbar sind und unter denen jemand leidet, sollte der Rat einer Vertrauensperson (zum Beispiel Hausarzt oder Eheberater) in Anspruch genommen werden.

Allein leben

Unsere Gesellschaft ist stark auf die Familie und die Ehe ausgerichtet. Immer mehr weicht die Wirklichkeit von der Norm ab. Die Familienbande lockern sich, die Ehe wandelt sich vom lebenslänglichen Bund zur Partnerschaft auf Zeit. Der Trend in Richtung Ein-Personen-Haushalt hält an. «Die durchschnittliche Basler Familie besteht aus einer Person», kommentierte kürzlich ein Journalist die kantonale Bevölkerungsstatistik.

Unterschiedlich sind die Gründe fürs Alleinleben. Junge Menschen geniessen nach dem Auszug von zu Hause die Freiheit. Ohne Rücksicht auf andere kann man seine Zeit einteilen, essen, Musik hören, Besuch empfangen. Alles nach Lust und Laune. Andere ziehen sich nach einer gescheiterten

Beziehung in die Einsamkeit zurück. Viele Frauen leben jahrelang allein, nachdem sie ihren Mann verloren haben. Alleinstehende leiden häufiger unter Gefühlen der Einsamkeit und Nutzlosigkeit als Angehörige eines Mehrpersonen-Haushalts. Dies trifft besonders zu, wenn das Alleinsein nicht gewollt, sondern durch Schicksalsschläge verursacht worden ist. Beziehungen zu Freunden, Bekannten, Verwandten oder Nachbarn sind deshalb besonders wichtig.

Empfehlungen
- Nehmen Sie erste Anzeichen von Einsamkeit und Langeweile sowie Gefühle der Sinn- und Nutzlosigkeit ernst.
- Fragen Sie sich, welche Art von Beziehungen Ihnen fehlen. Suchen Sie eine Liebesbeziehung? Oder brauchen Sie verlässliche Freunde und Freundinnen, Gleichgesinnte, mit denen Sie sich für ein politisches, gesellschaftliches oder soziales Anliegen einsetzen können, gesellige Bekanntschaften für Ausflüge, Spiel und sonstige Freizeit?
- Planen Sie entsprechende Aktivitäten, denn nur «draussen» lernen Sie andere Menschen kennen.
- Viele Freizeiteinrichtungen, Altersorganisationen, Kurse oder Reisen bieten ausgezeichnete Gelegenheiten, Menschen mit ähnlichen Interessen zu begegnen.

Beziehung zu Kindern und Enkeln

Umfragen zeigen, dass viele ältere Menschen regelmässige und enge Kontakte zu ihren Kindern und Enkeln pflegen. Andrerseits klagen aber auch viele Alte, sie würden von ihren Nachkommen vernachlässigt. Beziehungen zwischen Eltern und Kindern können sich offensichtlich in verschiedene Richtungen entwickeln. Werden sie nicht von beiden Seiten gepflegt, verkümmern sie.

Im Lauf eines Lebens sind in dieser Beziehung verschiedene Entwicklungsschritte zu vollziehen. Am Anfang haben die Eltern einen gewaltigen Macht-, Erfahrungs- und Wissensvorsprung. Der Nachwuchs ist abhängig, gewinnt aber Schritt für Schritt Selbständigkeit. Kinder werden erwachsen, lösen sich von zu Hause ab, gründen vielleicht eine eigene Familie. Zwischen den beiden Generationen bildet sich – im Idealfall – eine gleichberechtigte, partnerschaftliche Beziehung. Im hohen Alter lässt die Kraft nach, da und dort ist die Unterstützung der Jungen nötig. Im Fall von Krankheit und Gebrechlichkeit geraten nun die Betagten in Abhängigkeit von den Jungen.

All diese Veränderungen sind schwierig und für die Betroffenen oft schmerzhaft. Die Versuchung ist gross, sich einem unangenehmen Schritt zu widersetzen. Dies hält zwar den Lauf der Geschichte nicht auf, vergrössert aber den Schmerz.

Empfehlungen

• Unterstützen Sie den Weg Ihrer Kinder und Enkel zu eigenständigen Persönlichkeiten. Zwingen Sie Ihren Nachfahren nicht den eigenen Willen auf und belasten Sie diese nicht mit Ihren eigenen, im Leben vielleicht nicht verwirklichten Zielen. Damit prägen Sie die familiären Beziehungen in Richtung gegenseitiger Toleranz und Achtung. Eltern, welche die Ablösung ihrer Kinder nie ganz akzeptiert haben und ihre Macht ausspielen, erleben im Alter oft böse Überraschungen. Sobald Macht und Kraft nachlassen, entscheiden dann anstelle der Eltern die Kinder mit der gleichen Selbstherrlichkeit über den Eintritt ins Altersheim, die Auflösung des Haushalts oder eine medizinische Massnahme. Sind die Beziehungen zwischen den Angehörigen verschiedener Generationen schwierig und müssen gemeinsam Entscheide getroffen werden, empfiehlt sich der Beizug einer aussenstehenden Fachperson (zum Beispiel Sozialarbeiterin oder Anwalt).

• Der Kontakt mit Angehörigen anderer Generationen bietet eine gute Gelegenheit, Neues kennenzulernen und mit wichtigen Problemen der Gegenwart in Berührung zu bleiben. Nutzen Sie dies. Sorgen Sie sich nicht nur um Ihre eigene Zukunft, sondern auch um die Ihrer Kinder und Enkel. Wenn Sie keine eigenen Kinder und Enkel haben, finden Sie vielleicht in Ihrem Bekanntenkreis oder in der Nachbarschaft eine Familie, die Sie gerne als «Ersatz-Opa» oder «Ersatz-Oma» aufnimmt.

• Im Lauf des Lebens verschiebt sich der Zeithorizont: die Vergangenheit wird immer grösser, die Zukunft schmilzt zusammen. Das fördert die Neigung, nach hinten zu sehen. Vorsicht: Erfahrungen aus der Vergangenheit sind für die jüngeren Menschen nur interessant, wenn sie in eine Beziehung zur Gegenwart und Zukunft gestellt werden.

Beziehungen zu Freunden und Bekannten

Tragende Freundschaften wachsen meistens in Jahren. Gegenseitige Zuneigung, gemeinsame Interessen sind eine Grundlage. Doch das reicht nicht. Erst wenn die Beziehung auch Krisen überlebt hat, wenn man erfahren hat, dass Schwächen gezeigt werden dürfen, dass man Fehler machen darf und mit Hilfe der Freunde daraus vielleicht etwas lernen kann, entstehen Vertrauen und Geborgenheit.

Gute Freunde lassen sich an den Fingern abzählen. Doch auch Freundinnen und Freunde genügen nicht. Brauchen wir nicht darüber hinaus einen Kreis von Bekannten, mit denen uns verschiedenste Gefühle verbinden? Die Nachbarin, die uns eine Handvoll Beeren über den Gartenzaun reicht, der Jasskollege, der für gute Laune sorgt, das Wandergrüppli, die Vereins- oder Parteikollegen, mit denen wir diskutieren, lachen, streiten, uns für gemeinsame Ziele einsetzen, einander ärgern und freuen.

Jeder Mensch hat eine Vielfalt an emotionalen und intellektuellen Austauschbedürfnissen. Entsprechend vielfältig sollte sein Beziehungsnetz sein.

Netze können reissen. Ein Paar trennt sich nach langer Ehe. Eine Freundin zieht an einen andern Ort. Ein Freund stirbt. Wer alt wird, muss viele schmerzliche Abschiede verkraften. Nun zeigt sich die Bedeutung von generationenübergreifenden Kontakten. Jüngere Freunde und Bekannte bilden eine Brücke zur beruflich aktiven Generation.

Empfehlungen

• Stellen Sie sich periodisch ein paar Fragen über Ihren Freundes- und Bekanntenkreis. Zum Beispiel: Wer sind meine wichtigsten Freunde, Freundinnen und sonstigen Bezugspersonen? Zu wem habe ich volles Vertrauen? An wen wende ich mich, wenn es mir schlecht geht? Wem helfe ich, von wem lasse ich mir helfen? Wem könnte ich erzählen, dass ich eine grosse Dummheit gemacht habe? Was würde der Tod einer Freundin oder eines Freundes für mich bedeuten?

• Pflegen Sie Freundschaften. Eine Beziehung besteht aus Geben und Nehmen, Zuhören und Erzählen, Freude bereiten und empfangen, gemeinsam glückliche Stunden erleben und gemeinsam Leid tragen. Welche Beziehungen haben Sie in letzter Zeit vernachlässigt? Was möchten Sie mit wem in nächster Zeit unternehmen? Mit wem wollen Sie den Kontakt vertiefen?

• Vermeiden Sie den Rückzug ins «Altersghetto». Pflegen Sie auch Kontakte und Freundschaften zu Menschen der mittleren und jungen Generation.

Das Haustier – ein lieber, treuer Freund

«Ich darf nicht krank werden», meinte kürzlich eine über 80jährige Frau. «Wer würde sonst für meinen Hund sorgen?» Das Haustier hat im Leben vieler älterer Menschen eine zentrale Bedeutung. Wer ein Tier hat, wird gebraucht. Täglich muss das Futter besorgt und angerichtet werden. Hunde brauchen Bewegung, also unternimmt man täglich einen Spaziergang.

Wer ein Haustier hat, ist nie ganz allein. Viele alte Leute sprechen stundenlang mit ihrem Hund oder Kanarienvogel, freuen sich an jeder Reaktion. Wissenschaftler haben herausgefunden, dass sich der Blutdruck senkt und der Puls verlangsamt, wenn ein Mensch einen Hund oder eine Katze streichelt. Der Mensch entspannt sich, und dem Tier tut's auch gut.

Wird die Beziehung zum Tier nicht gelegentlich ein Ersatz für menschliche Kontakte? Der treue Dackel mimt stets Zustimmung, während Menschen auch mal widersprechen. Da ist die Gefahr schon gross, den lieben Vierbeiner zum besten Freund zu machen und ihm menschliche Gefühle und Regungen zuzuordnen. Vorsicht: Richtig wohl ist den Tieren nur, wenn sie tiergerecht und artgerecht gehalten werden.

Nicht selten hilft aber gerade ein Haustier über Enttäuschungen und Gefühle der Einsamkeit hinweg. Alleinstehende bleiben dank Haustieren regsamer, an ihrer Umwelt mehr interessiert und mobil. Häufig ist der kleine Hund oder die Katze Thema für ein erstes Gespräch mit Unbekannten, Nachbarinnen oder andern Tierhaltern.

Empfehlungen

• Bevor Sie ein Haustier anschaffen, sollten Sie einige Fragen klären: Welche räumlichen Bedürfnisse hat das Tier? Wieviel Bewegung braucht es? Wie alt ist und wird es? Wieviel Pflege braucht es? Wieviel Futter benötigt es? Was kostet es (Anschaffung, Käfig, Schlafplatz, Impfungen, Kastration, Steuer, Futter usw.)? Wer sorgt für das Tier bei Ferienabwesenheit, Krankheit? Kann das Tier in ein Alters- und Pflegeheim mitgenommen werden?

• Wählen Sie ein Haustier, das Ihren Lebensumständen, Ihrem Temperament sowie Ihren räumlichen, gesundheitlichen, zeitlichen und finanziellen Möglichkeiten entspricht.

Nachbarschaftshilfe:
Beispiel Bärenfelserstrasse

Stadtbekannt sind die Wohnstrassenfeste an der Basler Bärenfelserstrasse. An einem Sommerwochenende werden Tische und Bänke auf die Strasse gestellt, eine Jazzband richtet sich ein, vom Grill steigen Bratwurst- und Kebabdüfte in die Luft, die Anwohnerinnen tragen Salatschüsseln und Kuchen auf, Kinder legen sich in der Schminkecke eine farbige Kriegsbemalung zu, ballern Büchsen vom Brett oder verkaufen Tombolalösli. Mitten im Rummel, beim Flohmarkt, steht Jahr für Jahr Brigitte Föhr, weit über 70 Jahre alt und gute Seele der Strasse. Doch dieses Jahr steht sie nicht an ihrem Platz.

Festen ist das eine – aber was taugt die gute Nachbarschaft, wenn's einem schlecht geht? «Ohne diese Zuneigung, ohne den Zusammenhalt in der Wohnstrasse, wäre ich jetzt nicht hier», sagt Frau Föhr. Vor wenigen Tagen ist sie aus dem Spital zurückgekehrt. «13 Wochen war ich – nach einem Schlägli – im Krankenhaus. Jeden Tag hat mich jemand aus der Strasse besucht. Die Kinder kamen, eine Türkenfamilie hat mir wunderschöne Blumen gebracht. Diese Kontakte waren für mich enorm wichtig. Tag für Tag habe ich wieder ein bisschen reden gelernt. Und jetzt muss ich in meinem Alter nochmals laufen lernen.»

Vor einigen Tagen trafen sich ein paar junge Frauen, sprachen sich ab, wer wann für das «Birkli» (wie Frau Föhr hier von allen genannt wird) die Einkäufe besorgt.

Angefangen hat das neue Leben in der Bärenfelserstrasse Mitte der siebziger Jahre. Immobilienspekulanten hatten die günstigen Altbauten im Quartier entdeckt. Einige Bewohner gründeten deshalb Hausgenossenschaften und kauften sich selber ein. Ohne amtlichen Segen wurde die erste Wohnstrasse der Stadt verwirklicht. Mit vereinten Kräften verhinderten die Bärenfelser den Abbruch eines architektonisch prägenden Eckhauses. Diese Kämpfe, der gemeinsame Einsatz für mehr Wohn- und Lebensqualität in einem einfachen, alten Arbeiterquartier hat die Bewohnerinnen und Bewohner eng zusammengeschweisst.

1976 konnte ein Kollektiv ein grosses Gewerbeareal an der Bärenfelserstrasse langfristig mieten. Neben Werkstätten, Praxisräumen und Ateliers entstanden auch Gemeinschaftseinrichtungen: ein türkisches Dampfbad, eine Waschküche (für Anwohnerinnen ohne eigene Waschmaschine) und ein kleines Beizli. Dort kochen ein paar Freiwillige jeweils das Mittagessen, manchmal für ein Dutzend Leute, manchmal für ein paar wenige Stammgäste. Jahrelang hat auch das «Birkli» gekocht. Jetzt weiss sie, dass sie an der Bärenfelserstrasse nie verhungern wird.

«Nein, früher war die Nachbarschaftshilfe nicht besser», meint Frau Föhr. Sie wohnt seit gut drei Jahrzehnten in der gleichen Strasse. «Früher ging man rasch ins Haus. Man wollte kein Tratschweib sein.» Diese Mentalität wirkt heute noch nach. Unter den Wohnstrassen-Aktiven ist «Birkli» bis jetzt noch die einzige Vertreterin der Alten. Doch wirklich alt zu werden, dafür hat sie in diesem Kreis gar keine Gelegenheit.

10. Kapitel

Gesundheit

Wohlbefinden in lebendiger Umwelt

«Bei der Betreuung älterer Menschen sollte man nicht nur auf Krankheiten achten, sondern vielmehr ihr gesamtes Wohlbefinden im Auge haben und dabei die Wechselwirkungen der körperlichen, geistigen, sozialen und ökologischen Faktoren berücksichtigen. Die Gesundheitsbetreuung zur Verbesserung der Lebensqualität der älteren Menschen sollte daher sowohl die gesundheitliche als auch die soziale Betreuung und die Familie einschliessen. Die gesundheitliche Betreuung, vor allem die Grundbetreuung, sollte grundsätzlich darauf abzielen, dass die älteren Menschen so lange wie möglich ein selbständiges Leben in ihrer eigenen Familie und Lebensgemeinschaft verbringen können und nicht von allen Aktivitäten anderer Menschen ausgeschlossen und abgeschnitten werden.» (Aus den Empfehlungen der ‹Weltversammlung der Vereinten Nationen zu Fragen des Alterns›, 1982)

Auf die Signale des Körpers achten

«Gesund ist, wer über seine geistigen, körperlichen und seelischen Funktionen so verfügt, dass er seine persönlichen Lebensumstände eigenverantwortlich bewältigen kann», schreibt Rainer Haun in seinem Buch ‹Der befreite Patient›. Und der amerikanische Stressforscher Schmale stellt fest: «Krankheiten entstehen nicht in einer Situation des extremen physischen Stresses oder der extremen Umweltbelastungen, sondern in dem Augenblick, in dem das Individuum erlebt, dass es nicht länger in der Lage ist, seiner Umwelt standzuhalten.»

Menschen reagieren auf Umwelteinflüsse sehr unterschiedlich, und gleiche Beschwerden werden verschieden erlebt und verarbeitet. So zeigt eine Studie, dass Bäuerinnen ihre Rückenschmerzen als Folge der harten Arbeit akzeptieren, während viele Stadtfrauen wegen der gleichen Symptome den Arzt aufsuchen.

Ähnlich verhält es sich mit der Beurteilung von Altersbeschwerden. Jeder menschliche Körper verändert sich im Lauf des Lebens: Mit 25 Jahren fängt die Lunge an, sich zurückzubilden. Mit 30 bis 40 Jahren verlieren Bindegewebe und Blutgefässe an Elastizität. Allmählich reduziert die Niere ihre Funktion auf die halbe Leistung. Der Stoffwechsel verlangsamt sich. Die Bauchspeicheldrüse produziert weniger Insulin.

Diese objektiven Vorgänge laufen nicht nur individuell sehr unterschiedlich ab, sie werden auch von Mensch zu Mensch anders wahrgenommen und verarbeitet. Wer sich am Leistungsideal der jungen und mittleren Jahre orientiert, kann eine lange «Mängelliste» erstellen. Für ihn stimmt dann das Klischee: alt = krank. Oder die «Ausfälle» werden mit Hilfe der Medizin zum Verschwinden gebracht. Führt eine Anstrengung zu Herzklopfen, greift man zu den Herztropfen. Hat der Organismus im Alter Mühe mit dem Verdauen der währschaften Bernerplatte, werden Magentabletten und Abführmittel geschluckt. Gegen Kopfweh, Schlafstörungen, Potenzausfälle gibt's allerlei Pillen und Mitteli. Im Bestreben, den natürlichen Alterungsprozess aufzuhalten, kaufen die Schweizerinnen und Schweizer jährlich für rund 60 Millionen Franken rezeptfreie Geriatrika (Mittel zur Behandlung von Alterserscheinungen), die nach Meinung vieler Fachleute im besten Fall nichts schaden.

Viele Menschen verstehen ihren Körper als Maschine, die um jeden Preis funktionstüchtig erhalten werden muss. Gelingt ihnen dies nicht mehr, suchen sie den Chefmechaniker Arzt auf, der für sie die Sache in Ordnung bringen soll. Dass sie mit dieser Einstellung ihren Organismus dauernd überfordern, erfahren sie oft erst, wenn's zu spät ist.

Sinnvoller scheint ein anderer Weg: Altersbedingte Veränderungen werden akzeptiert. Die Ernährung hat sich den Bedürfnissen des alternden Körpers anzupassen. Die Aktivitäten nehmen Rücksicht auf das grössere Ruhebedürfnis. Die Wege werden allmählich flacher (was die Aussicht nicht beeinträchtigen muss!). Signale des Körpers werden ernst genommen. Sie führen nicht zu erhöhtem Pillenkonsum, sondern zu veränderter Lebensweise.

In diesem Konzept erhalten auch die medizinischen Fachleute eine andere Aufgabe: Sie haben nicht stellvertretend Probleme zu lösen, sondern helfen beim Erkennen und Interpretieren der Zeichen des Körpers. Ist das Herzklopfen beim Treppensteigen altersbedingt? Soll ich mich schonen, oder brauche ich im Gegenteil mehr Bewegung? Ist meine gelegentliche Gedächtnisschwäche altersgemäss, oder signalisiert sie den Beginn einer Alzheimer Krankheit? Was kann ich dagegen tun?

Unsere Gesundheit wird durch viele Umweltfaktoren und genetische Anlagen mitbestimmt. Auf diese hat das Individuum wenig Einfluss. Wir können hingegen wählen, ob wir das Altern mit all seinen Einschränkungen als natürlichen Weg (bis hin zum Tod) annehmen und daraus das Beste machen oder ob wir dem Schatten unserer Jugend nachrennen. Das Alter bietet viele Rollen: jene der Gleichgültigen, der Weisen und der Narren.

Lieber gesund und reich als arm und krank

Zwischen guten, gesicherten finanziellen Verhältnissen und der Gesundheit besteht ein enger Zusammenhang. «Wahrscheinlich handelt es sich um eine Wechselbeziehung», vermutet Hans-Dieter Schneider in seinem ‹Bericht über eine Repräsentativbefragung der schweizerischen Bevölkerung über 56 Jahren im Kanton Zug›. «Der schwache Gesundheitszustand kann ein geringeres Einkommen bewirken, und das geringere Einkommen verhindert seinerseits, dass der Gesundheitszustand sich bessert. Umgekehrt ist eine gute körperliche Kondition eine Voraussetzung für Berufserfolg. Die finanziellen Mittel sichern ihrerseits eine gute Gesundheitspflege.»

Andere Studien belegen den Zusammenhang zwischen Gesundheit und sozialen Beziehungen. Menschen mit vielfältigen, anregenden, tragfähigen Beziehungen sind gesundheitlich weniger gefährdet als sozial isolierte. Einsamkeit gilt heute als wichtiger Risikofaktor.

Menschen, die sich den Anforderungen des Lebens gewachsen fühlen, die wenig Angst haben und rege am Gemeinschaftsleben teilnehmen, fühlen sich häufiger bei guter Gesundheit als Gestresste, Ängstliche und Passive.

Aus diesen Erkenntnissen lassen sich mit Blick auf die älteren Menschen einige gesundheitspolitische Schlussfolgerungen ableiten:

Die Gesellschaft sollte allen Menschen ein finanziell gesichertes Alter ermöglichen. Der weitverbreiteten Angst, im Krankheitsfall zu verarmen, muss begegnet werden. Die Förderung sozialer Netze hat für die Gesundheitsvorsorge zentrale Bedeutung. Ebenso wichtig ist die Abwehr von Bedrohungen: So zerreisst zum Beispiel die Immobilienspekulation organisch gewachsene soziale Beziehungen und entwurzelt unzählige alte Menschen. Umweltbedrohungen und Zukunftsängste sind auch für alte Menschen psychisches Gift. Der Einsatz für soziale Gerechtigkeit und die natürliche Umwelt ist deshalb auch ein Einsatz für das Wohlbefinden der alten Mitmenschen.

Ernährung

Gesunde Menschen brauchen auch im hohen Alter keine Schon-Diät. Vielseitige, schmackhafte, schön angerichtete Nahrung ist hingegen eine wichtige Voraussetzung für Lebensfreude und Gesundheit. Einige Veränderungen im Organismus und in der Lebensweise älterer Menschen sollten bei der Ernährung berücksichtigt werden:

Weniger Kalorien
Die meisten Menschen schränken ihre Bewegungen und Muskelleistungen im Alter ein. Sie brauchen deshalb etwa ein Drittel weniger «Brennstoff» als in mittleren und jüngeren Jahren. Wer dies nicht berücksichtigt, setzt Polster an. Fettleibigkeit ist ein wesentlicher gesundheitlicher Risikofaktor. Sie trägt bei zu Herz- und Kreislaufbeschwerden und belastet den Bewegungsapparat. Schränken Sie deshalb – wenn Sie's körperlich ruhiger nehmen – die Kalorienzufuhr ein. Reduzieren Sie vor allem den Konsum von Zucker und tierischen Fetten. Achten Sie auch auf die unsichtbaren Fette in Würsten, Rahmsaucen und Cremetorten. Kontrollieren Sie regelmässig das Körpergewicht.

Weniger, aber häufiger
Im vorgerückten Alter produziert der Körper weniger Verdauungssäfte. Nehmen Sie darauf Rücksicht, indem Sie klei-

nere Portionen essen. Ergänzen Sie dafür die Hauptmahlzeiten mit einem leichten Znüni oder Zvieri. Vollkornprodukte, Gemüse und Früchte enthalten viele Ballaststoffe. Diese verhindern Verstopfung.

Gut kauen hilft verdauen

Ihre Verdauungsorgane danken es Ihnen, wenn Sie die Speisen gut und ausgiebig zerkauen. Dafür ist es besonders wichtig, die Zähne instand zu halten. Gehen Sie regelmässig zum Zahnarzt oder Zahnprothetiker in die Kontrolle.

Vielfalt und Abwechslung

Der Stoffwechsel verlangsamt sich im Alter. Einzelne Elemente der Nahrung können im Körper nicht gespeichert werden. Achten Sie deshalb auf eine vielseitige Ernährung. Essen Sie möglichst täglich Salate, Gemüse, Früchte, Getreide- und Milchprodukte.

Schwerverdauliches am Mittag

Hülsenfrüchte, fritierte Speisen, Kohl, Sauerkraut, Zwiebeln und Peperoni sind besonders schwer verdaulich. Eine Bernerplatte am Abend raubt manchen Leuten den Schlaf. Geniessen Sie solche Speisen mit Mass und vorzugsweise am Mittag.

Genussmittel wirklich nur geniessen

Viele Ärzte halten das tägliche Zweierli Veltliner für eine ausgezeichnete Medizin. Es wirkt – ähnlich wie Kaffee und Tee – gefässerweiternd und belebt so die Geister. Im Alter arbeiten Leber und Nieren aber mit beschränkter Kraft. Alkohol wird langsamer abgebaut und ausgeschwemmt. Da ältere Menschen zudem oft weniger Körpergewicht haben, sind sie rascher und länger besäuselt. (Die individuellen Unterschiede sind gross.) Wenn Sie im Lauf Ihres Lebens Alkohol ohne Probleme genossen haben, können Sie dies bis ins hohe Alter beibehalten. Die Grenze des Bekömmlichen muss jedoch immer wieder neu bestimmt werden. Kaffee in der zweiten Tageshälfte bringt viele ältere Menschen um die Nachtruhe. Kurieren Sie Schlafstörungen nicht sofort mit Medikamenten, sondern überprüfen und verändern Sie zuerst Ihre Ess- und Genussmittelgewohnheiten.

Viel trinken

Die meisten Schweizerinnen und Schweizer nehmen – abgesehen von Alkoholika – zuwenig Flüssigkeit auf. Im hohen Alter signalisiert das Durstgefühl manchmal nicht mehr, dass der Körper Flüssigkeit braucht. Gewöhnen Sie sich daran, regelmässig und viel zu trinken (mindestens anderthalb bis zwei Liter täglich). Konsumieren Sie Mineralwasser, Milch, Milchgetränke, verschiedene Tees sowie Frucht- und Gemüsesäfte.

Geselligkeit am Tisch

Essen und Trinken eignen sich besonders als soziale Anlässe. Selbst die bescheidenste Mahlzeit kann zum Festmahl werden, wenn sie Menschen zusammenführt. Lassen Sie sich Zeit für die Zubereitung des Essens. Hüten Sie sich davor, auch wenn Sie allein sind, «aus der Pfanne» zu essen. Machen Sie das Essen möglichst häufig zu einem geselligen Anlass.

Saisongerecht und umweltschonend

Die industrialisierte Nahrungsmittelproduktion wird zunehmend ein Problem für die natürliche Umwelt. Bevorzugen Sie umweltschonend hergestellte Nahrung. Essen Sie einheimische Früchte und Gemüse der jeweiligen Saison aus biologischem Anbau (Signet: Knospe). Verzichten Sie auf verpackungs- und energieaufwendige Fertigmenüs aus dem Tiefkühler. Damit dienen Sie nicht nur Ihrer Gesundheit, sondern auch der Umwelt.

Neues ausprobieren

Der Nahrungsmittelbedarf der älteren Menschen verändert sich – hält der Menüplan damit Schritt? Viel Freude macht das Essen, wenn Sie immer wieder einmal ein neues Rezept ausprobieren. Viele Männer erhalten nach der Pensionierung erstmals Gelegenheit (oder werden nach dem Verlust der Partnerin gezwungen), selber das Essen zuzubereiten. Da ist ein Kochkurs für Männer ein guter Einstieg. Mehrere Veranstalter führen auch spezielle Diät-Kochkurse durch.

Drogen, Alkohol, Medikamente

Unter Drogenabhängigen stellen wir uns in erster Linie jugendliche Heroinfixer vor. Vielleicht denken wir noch an den Quartalssäufer, der nach Mitternacht lallend den Heimweg sucht. Doch der kichernde, etwas sehr kontaktfreudige ältere Herr? Und die stille, zurückgezogene, bleiche Dame? Drogenabhängige? Kaum.

Alkohol-, Medikamenten- und andere Abhängigkeiten bei alten Menschen sind Tabuthemen. Umfassende Abklärungen aus der Schweiz fehlen. Immerhin gibt es deutliche Hinweise auf Probleme.

Lange Zeit galt die Annahme, es gebe nur ganz wenige alte Alkoholiker. Dafür wurden zwei Gründe genannt: Alkoholiker haben eine verkürzte Lebenserwartung, und etliche Alkoholiker hören im vorgerückten Alter auf zu trinken. Der Dortmunder Professor Karl Schmitz kommt zu anderen Schlüssen (die auch für schweizerische Verhältnisse zutreffen dürften): Alkoholiker werden vor allem sozial auffällig, wenn ihre Erwerbsfähigkeit eingeschränkt ist. Bei Rentnern fällt diese soziale Kontrolle weg. Alkoholprobleme des alten Menschen werden eher toleriert oder zumindest nach aussen verschwiegen. Alkoholismusfolgen werden oft als altersbedingte Reaktionsverzögerungen, Verwirrtheit oder gar senile Demenz (Altersschwachsinn) diagnostiziert. Bei unfall- oder krankheitsbedingten Notaufnahmen in Krankenhäusern wird hingegen häufig ein hoher Alkoholgehalt im Blut festgestellt. Schmitz nimmt an, dass in Alters- und Pflegeheimen sowie Geriatrieabteilungen von Spitälern 10 bis 20% Alkoholiker leben.

Ältere Menschen haben gute Gründe, sich vor Alkohol in acht zu nehmen: Das gleiche Glas Wein, das im Körper eines 70 Kilogramm schweren jungen Mannes bescheidene 0,4 Promille ergibt, kann bei einem mageren 65jährigen zu einer doppelt so hohen Promillezahl führen. Alte Menschen sind oft leichter, haben wesentlich weniger Körperflüssigkeit und nehmen weniger feste Nahrung auf. Der Alkohol bleibt länger im Blut, so dass das zweite Glas – etwa im Strassenverkehr – bereits zuviel sein kann.

Alkoholabhängigkeit kann erkannt werden, indem man eine Woche lang völlig abstinent lebt. Gelingt dies nicht ohne Probleme, sollte man darüber mit dem Hausarzt oder einer Vertrauensperson reden.

Besonders gefährlich ist die Mischung von Alkohol und Medikamenten. Die Wirkung kann meistens nicht vorausgesehen werden. Wer in ärztlicher Behandlung ist und Medikamente einnimmt, sollte unbedingt offen mit dem Arzt über den Alkoholkonsum sprechen.

Einige Medikamente machen süchtig. Nach Auskunft des Krankenkassenkonkordats beziehen die über 65jährigen Medikamente im sechsfachen Wert der 21- bis 25jährigen. Allein diese Zahl deutet auf Probleme. Dazu kommen die vielen nicht krankenkassenberechtigten Geriatrika. Viele alte Menschen konsumieren über Jahre hinweg einen Cocktail von Tropfen, Pillen und Tabletten und sind, ohne es zu wissen, von diesen Medikamenten abhängig.

Missbraucht werden vor allem Schlaf-, Schmerz- und Beruhigungsmittel. Gerade ältere Menschen erhalten immer wieder über längere Perioden Beruhigungsmittel als fragwürdige Hilfe gegen Altersängste verschrieben. Bereits nach wenigen Wochen der Einnahme treten beim Absetzen Probleme (gesteigerte Ängstlichkeit, Unruhe und Schlaflosigkeit) auf. Die Medikamente produzieren mit der Zeit also eben die Symptome, gegen die sie helfen sollten.

Die meisten Beruhigungs-, Schmerz- oder Schlaftabletten sind entbehrlich. Sie können durch Veränderungen der

Lebensweise überflüssig gemacht werden: Regelmässige Bewegung (zum Beispiel ein Spaziergang vor dem Schlaf), leichte und vielseitige Ernährung sowie sinnvolle Tätigkeiten helfen oft mehr als die «chemische Keule».

Sport, Spiel und Geselligkeit

«Nach einem arbeitsreichen Leben will ich jetzt ausruhen», meint ein 66jähriger Rentner. Er sitzt viel im Lehnstuhl vor dem Fernseher, und auch für kleinere Ausflüge nimmt er das Auto. Obwohl er sich bewusst «schont», will das Gefühl von Müdigkeit nicht verschwinden. Hat er vielleicht schon eine versteckte Krankheit? Ist das nicht ein Grund, sich noch mehr zu schonen?

«Wer rastet, rostet», sagt ein altes Sprichwort. Und das gilt bis ins hohe Alter. Nur wer seinen Organismus regelmässig fordert, bleibt beweglich und erhält seine Leistungsfähigkeit.

Altersgemässer Sport trägt entscheidend zur Gesundheit und zum Wohlbefinden bei. Doch was ist altersgemäss? In der zweiten Lebenshälfte sollten nicht das Krafttraining und die kurze Hochleistung (Sprint) im Vordergrund stehen. Sinnvoll sind hingegen Ausdauerleistungen. Beim Bergaufwandern, Velofahren, Schwimmen oder Skilanglauf wird der Kreislauf trainiert. Fast automatisch beginnen die Ausdauersportlerinnen und -sportler tief durchzuatmen. Die Verdauung wird angeregt. Der hohe Kalorienverbrauch sorgt dafür, dass Langläufer, Schwimmer oder Radler kaum je mit Übergewicht zu kämpfen haben.

Gymnastik und Ballspiele sind auch für Menschen im AHV-Alter geeignet. Das Herz darf wieder einmal auf Hochtouren pumpen, die Koordination der Bewegungen wird im Spiel geübt, und die Gelenke behalten ihre Beweglichkeit. Der Präventivmediziner Professor Meinrad Schär empfiehlt, dreimal wöchentlich während mindestens 30 Minuten so intensiv zu trainieren, dass der Puls über längere Zeit auf «180 minus Alter» ansteigt.

Ziel des Alterssports kann es niemals sein, das Altern aufzuhalten oder den Jungen davonzuspringen. Zwar lässt sich das biologische Alter durch regelmässigen Sport beeinflussen, und manche trainierten Siebziger laufen den untrainierten Dreissigjährigen spielend davon. Doch die Weisheit des Alters sollte mithelfen, die eigenen Leistungen nicht auf die (vermeintlichen) Erwartungen der andern auszurichten, sondern herauszufinden, was für den eigenen Körper gut ist.

Sport dient nicht nur der körperlichen Gesundheit, er kann auch zum psychischen Wohlbefinden und zur sozialen Verankerung beitragen. Gegen 100 000 Seniorinnen und Senioren nehmen an Gruppenveranstaltungen von Alter und Sport der Pro Senectute teil. Regelmässig turnen sie, schwimmen, tanzen, wandern oder spielen Tischtennis – und treffen sich oft noch zu einem gemütlichen Gespräch oder einem Ausflug mit Gleichgesinnten.

Empfehlungen

- Treiben Sie mässig, aber regelmässig Sport.
- Fordern, aber überfordern Sie sich nicht.
- Wenn Sie lange keinen Sport getrieben haben oder unter gesundheitlichen Beschwerden leiden, besprechen Sie Ihre sportlichen Pläne mit dem Hausarzt.
- Machen Sie das Training zu einem geselligen Anlass. Schliessen Sie sich mit Gleichgesinnten zusammen. Viele Sportvereine sowie der Alterssport von Pro Senectute bieten dafür einen guten Rahmen.

Fitness für den Geist

Werden Menschen mit zunehmendem Alter dümmer? Die Vorstellung vom unausweichlichen Abbau der geistigen Fähigkeiten ist in unserer Gesellschaft weit verbreitet, und sie macht vielen älteren Menschen Angst. Man wird vergesslich – und erschrickt. Ist das jetzt der Anfang des Weges in die Senilität?

Tatsächlich gibt es einige Krankheiten, die im Alter gehäuft vorkommen und mit einem Abbau der geistigen Fähigkeiten verbunden sind (zum Beispiel Arteriosklerose und Alzheimer). Erfreulicherweise bleiben die meisten Menschen von diesen Krankheiten verschont. Müssen sie trotzdem im hohen Alter mit einer Verminderung ihrer intellektuellen Fähigkeiten rechnen?

Nach dem heutigen Stand der Wissenschaft ist dies kaum der Fall. Es gibt keine zwingenden Gründe, dass das alternde Hirn schlechter arbeiten sollte. Der altersbedingte Verlust von täglich etwa 15 000 Nervenzellen kann angesichts des ursprünglichen Bestandes von 100 Milliarden Zellen vernachlässigt werden. Einige Altersforscherinnen und -forscher weisen darauf hin, dass im Alter nicht ein Leistungsabbau, sondern ein Leistungsumbau stattfindet. Einzelne Denkleistungen können sogar gesteigert werden. «Die Flexibilität des Denkens ist geringer, keineswegs aber die Gesamtleistung des Intellekts», meint der Psychologe F. Stemme. Ältere Menschen haben eher Mühe, Zahlen und Fakten zu büffeln oder Wörtchen einer Fremdsprache auswendig zu lernen. Sie sind hingegen gut in der Lage, neue Erkenntnisse in einen Zusammenhang einzuordnen. Erfolgversprechend ist das Lernen in der Gruppe. Soziale Anregung kann die zum Teil verminderte Leistungsmotivation ausgleichen.

Viel wichtiger als die körperlichen Veränderungen des gesunden alten Menschen sind die äusseren Einflüsse. Das Hirn braucht – wie die Muskeln – regelmässige Übung, um funktionstüchtig zu bleiben. Konzentrationsschwäche und Vergesslichkeit sind meistens nicht Zeichen organischer Störungen, sondern von Unterforderung.

Empfehlungen

• Regelmässige körperliche Bewegung, gesunde Ernährung und vielfältige soziale Beziehungen tragen entscheidend zum Erhalt der geistigen Fähigkeiten bei.

● Das Hirn braucht regelmässiges Training. Gestalten Sie Ihr Leben so, dass Kopf, Herz und Hand regelmässig gefordert werden.

● Einzelne intellektuelle Fähigkeiten können gezielt gefördert werden. In Kursen für «Gehirn-Jogging» oder Gedächtnistraining werden Konzentrationsvermögen und Merkfähigkeit entwickelt. Ähnliches geschieht beim Karten- und Schachspiel oder beim Lösen von Kreuzworträtseln.

Unfälle vermeiden

Seniorinnen und Senioren gehören im Strassenverkehr – neben den Kindern – zu den besonders gefährdeten Altersgruppen. Zwei Drittel der im Jahr 1988 getöteten Fussgänger waren über 60 Jahre alt. Dies ist leider kein Zufall.

Die Sinnesorgane erleiden im Alter häufig Einschränkungen. So sind rund 30% der 65jährigen hörbehindert. Das Sehvermögen bei Dämmerung und Dunkelheit ist beeinträchtigt. Eine 60jährige Person benötigt achtmal soviel Licht wie eine 20jährige, um bei Dunkelheit richtig sehen zu können. Im Alter braucht das Auge mehr Zeit, bis es ein fixiertes Objekt scharf abbildet. Ist eine Gefahr erkannt, reagiert ein älterer Mensch langsamer als ein junger. Die Beweglichkeit, um vor einem heranbrausenden Auto zur Seite zu springen, fehlt häufig. All diese Beeinträchtigungen betreffen auch die motorisierten Rentnerinnen und Rentner. Die Beratungsstelle für Unfallverhütung empfiehlt:

Für ältere Fussgängerinnen und Fussgänger

● Gehen Sie auf dem Trottoir mit grösstmöglichem Abstand von der Fahrbahn.

● Beobachten Sie – besonders vor und während des Überquerens der Strasse –, was die anderen Verkehrsteilnehmer tun.

● Halten Sie vor dem Betreten der Strasse stets am Trottoirrand an und schauen Sie auf beide Seiten.

139

• Wählen Sie zum Überqueren der Strasse nicht den kürzesten, sondern den sichersten Weg. Benützen Sie Fussgängerstreifen, Unter- und Überführungen auch dann, wenn sie mehr als 50 Meter von Ihrem gegenwärtigen Standort entfernt sind.

• Überqueren Sie die Strasse immer rechtwinklig, auf dem kürzesten Weg. Halten Sie auf dem Fussgängerstreifen nicht an, und kehren Sie nicht um, wenn das Lichtsignal auf Gelb wechselt.

• Überqueren Sie die Strasse nie bei Rot.

• Tragen Sie nachts helle Kleidung oder noch besser lichtreflektierendes Material.

Für Autofahrerinnen und Autofahrer

(die meisten dieser Empfehlungen gelten auch für Zweiradfahrer)

• Lassen Sie sich ab 60 Jahren von Ihrem Vertrauensarzt jährlich auf Herz und Nieren prüfen und benützen Sie allfällige Hörhilfen und Brillen.

• Lassen Sie Ihre Augen regelmässig durch einen Augenarzt überprüfen.

• Vermeiden Sie nach Möglichkeit Nachtfahrten.

• Achten Sie auf saubere Brillengläser, Innen- und Aussenspiegel, Autoscheiben und Scheinwerfer.

• Nehmen Sie auf Ihr körperliches Befinden Rücksicht.

• Planen Sie genügend Zeit für Ihre Fahrten ein und setzen Sie diese möglichst ausserhalb der Stosszeiten an.

• Seien Sie beim Linksabbiegen, Überholen und Spurwechseln besonders aufmerksam.

• Halten Sie immer genügend Abstand.

Vorsicht mit Alkohol und Medikamenten!

• Der Körper von älteren Menschen baut Alkohol und Medikamente wesentlich langsamer ab.

• Verzichten Sie vor Autofahrten auf Alkoholkonsum.

• Nehmen Sie Medikamente nur in der verordneten Dosis ein.

• Falls eine Beeinträchtigung der Fahrtüchtigkeit durch Medikamente vermutet wird, verzichten Sie auf das Lenken eines Fahrzeugs.

• Seien Sie besonders vorsichtig mit einem neuen Medikament oder der Kombination mehrerer Arzneien.

• Die geringste Menge Alkohol in Verbindung mit Medikamenten kann die Fahrtüchtigkeit um ein Vielfaches beeinträchtigen.

Im Haushalt

Rund ein Viertel aller Unfälle geschieht im Haushalt, Garten und Freizeitbereich. Für ältere Menschen ist das Risiko besonders gross, auszurutschen und zu stürzen. Selbst wenn ein Sturz keine Verletzungen verursacht, ist es ein einschneidendes Erlebnis, das häufig zu einer Verminderung von Aktivitäten führt.

• Überprüfen Sie Ihre Wohnung auf Unfallgefahren (glitschige Böden, rutschende Teppiche, vorstehende Ecken, freihängende Kabel usw.) und beseitigen Sie diese nach Möglichkeit.

• Sorgen Sie für stabile Haltegriffe und Gleitschutz in Dusche und Badewanne.

• Föhnen Sie sich nie in der Badewanne. Stellen Sie auch nie ein elektrisches Kofferradio auf den Badewannenrand.

• Klettern Sie nicht auf wacklige Leitern und Stühle.

• Lassen Sie sich beim Fensterputzen, Glühbirnenwechseln und ähnlichen heiklen Tätigkeiten von Jüngeren helfen.

11. Kapitel

Pflege und Betreuung

Neue Aufgaben für das Gesundheits- wesen

«Im Jahr 2030. Das Pflegeheim gleicht einer automatischen Fabrik: Fliessbandpflege. Die Betten mit den Siechen werden durch Videokameras überwacht, jedes Bett ist eine eigene kleine Pflegemaschinerie. In das Gestell sind verschiedene Geräte eingebaut, die den Zustand der Patienten überwachen; auch an einen Fütterungsautomaten ist gedacht worden. Er reagiert auf Augenbewegungen des Patienten. Die Alten werden über Katheter entsorgt, kein Pfleger ist genötigt, sie zu reinigen oder zu windeln. Im Gegensatz zu früheren Zeiten werden die Pfleglinge auch nicht mehr nur einmal in der Woche gebadet. Eine für Pflegeheime konstruierte Waschstrasse erlaubt es, die Bettlägerigen ohne grossen personellen Aufwand jeden Tag zu duschen. Eine Freiaufhängung der Patienten sorgt dafür, dass es keine der gefürchteten Wunden durch Liegen gibt. Soweit sie ansprechbar sind, geniessen die Alten täglich dreissig Minuten Zuwendung durch einen Psychotherapeuten, der auf gerontologische Fälle spezialisiert ist. Sterbende werden intensiver betreut.»

«Wir bringen die Alten nicht um, sondern verwahren sie in Heimen und auf Intensivstationen. Bald aber werden viele Junge glauben, wir könnten nicht mehr für die Alten sorgen, ihr Leben nicht mehr verlängern mit hohem Aufwand.» (Reimer Gronemeyer in seinem Buch ‹Die Entfernung vom Wolfsrudel›)

Pflegenotstand

Horrorvisionen über die Zukunft des Gesundheitswesens haben Hochkonjunktur, und auch die gegenwärtige Lage ist wenig erfreulich. Fast täglich künden Zeitungsmeldungen den Notstand an: Ganze Abteilungen von Pflegeheimen und Spitälern sind zur Zeit wegen Personalmangels geschlossen. Derweil müssen in der Schweiz Hunderte von alten Pflegepatienten in Notfall- und andern Abteilungen von Akutspitälern (fehl-)plaziert werden.

Der medizinische Fortschritt zeigt eine Kehrseite: immer mehr Menschen erreichen das biblische Alter von 80 und mehr Jahren. In diesem Alter aber ist das Risiko besonders gross, an einem degenerativen Hirnleiden zu erkranken. Altershirnkankheiten, allen voran die Alzheimer Demenz, bewirken einen Abbau der Intelligenz, Gedächtnisschwund und Veränderungen des Gefühlslebens. Die Erkrankten verlieren nach und nach die Fähigkeit, zu denken, gehen und schlucken. Sie sind geistig verwirrt und können ihre Körperfunktionen nicht mehr kontrollieren. Oft während Jahren sind sie rund um die Uhr von Pflege abhängig.

Die wachsende Zahl schwer pflegebedürftiger Alterspatienten stellt die Gesellschaft vor zwei Probleme: Wer übernimmt die Pflege? Und wer trägt die Kosten?

Die langfristige Pflege eines alten Menschen mit Hirnerkrankung überfordert in den meisten Fällen die Angehörigen. Nur wenn die unterstützenden und entlastenden Dienste (Tages- und Nachtkliniken, temporäre Pflege durch Aussenstehende, psychosoziale Begleitung der pflegenden Familie usw.) massiv ausgebaut werden, ist die Pflege durch Angehörige eine realistische Alternative zum Heim (Siehe auch Seite 149 ‹Pflege in der Familie›).

Wenn in unserer Gesellschaft eine (unattraktive) Lücke zu füllen ist, erinnert man sich gerne der nicht erwerbstätigen Frauen. Hausfrauen und Wiedereinsteigerinnen werden neuerdings von verschiedenen sozialen Institutionen für die Alterspflege angeworben und ausgebildet.

Immer häufiger ertönt auch der Ruf, die Pensionierten sollten das Problem unter sich lösen. Gibt es nicht zunehmend aktive und rüstige Seniorinnen und Senioren, denen ein tieferer Lebenssinn abhanden gekommen ist? Wäre es für diese nicht eine ideale Aufgabe, ihren älteren Mitmenschen in schwerer Zeit zur Seite zu stehen? Im Hintergrund dieser Überlegungen steht das Motto: «Wer heute hilft, dem wird morgen selber geholfen» (oder die sanfte Drohung: «Wer heute die Unterstützung verweigert ...»). Erste Erfahrungen und Umfragen zeigen allerdings, dass die Jungrentner noch weniger als Angehörige der mittleren und jungen Generation geneigt sind, Alterspatientinnen und -patienten zu pflegen.

Mit der grösseren Zahl von pflegebedürftigen Alten spitzt sich auch die Frage nach den Kosten zu. Echte Kostenverminderungen sind nur beschränkt möglich (indem zum Beispiel leidende Alte, die nicht Spitzenmedizin, sondern menschliche Anteilnahme und Pflege brauchen, von teuren Akutspitalabteilungen in Geriatrieabteilungen oder Pflegeheime verlegt werden). Die Betreuung von Kranken in ihren eigenen vier Wänden – durch Angehörige und spitalexterne Dienste – kann ebenfalls zu einer finanziellen Entlastung der öffentlichen Hand führen. Hier findet aber eher eine Verlagerung als eine Verminderung der Kosten statt.

Die Spitexdienste (spitalexterne, ambulante Dienste für kranke und alte Menschen) wurden anfänglich stark mit dem Argument der Kostensenkung propagiert. Das Argument ist richtig, wenn die Einweisung eines leicht oder mittel Pflegebedürftigen in eine stationäre Einrichtung durch ambulante Hilfen vermieden werden kann. Die Kosten für die Versorgung eines schwer pflegebedürftigen Patienten in seiner Wohnung erreichen hingegen ein ähnliches Niveau wie die eines Heimaufenthalts. Noch wenig erforscht sind die langfristigen volkswirtschaftlichen Kosten der ambulanten Betreuung. Amerikanische Untersuchungen haben gezeigt, dass Spitexdienste nicht nur von jenen Menschen in Anspruch genommen werden, die ohne diese in ein Heim oder Spital aufgenommen werden müssten. Durch das Angebot weitet sich die Nachfrage in wesentlich breitere Kreise aus. Auch Menschen, die bisher auf Pflege ganz verzichtet haben, nehmen die neu angebotenen Spitexdienste in Anspruch. Pflegende Angehörige oder Nachbarn treten zum Teil ins zweite Glied zurück und überlassen die Pflege den professionellen Spitexdiensten.

Noch unklar und umstritten ist die Stellung der Spitexdienste im gesamten Gesundheitswesen. Einige Promotoren befürworten eine Aufwertung im Sinn einer gleichberechtigten Stellung neben Spital und Pflegeheim. Patient und Angehörige könnten frei und ohne finanzielle Sachzwänge die individuell geeignete Form der Betreuung wählen.

Andere kritisieren gerade diese Spitalorientiertheit (die schon im Namen Spitex zum Ausdruck kommt). Alte Menschen brauchen gelegentliche Unterstützung, ohne dass sie krank sind. Ambulante Dienste im hauswirtschaftlichen und sozialen Bereich werden insgesamt häufiger beansprucht als krankenpflegerische. Dennoch besteht eine Tendenz, mehr ambulante Dienste über die Krankenkassen finanzieren zu lassen. Damit gerät der behandelnde Arzt in eine Schlüsselrolle. Er soll entscheiden, was für Dienste seine Patientin oder sein Patient nötig haben (und mit seiner Unterschrift den Weg für deren Finanzierung ebnen). Die Gefahr ist gross, dass die medizinischen Fragen im Verhältnis zu den sozialen ein Übergewicht erhalten.

Spitex, Haushalthilfe, Betreuung und Kontakt

Alte Menschen sollen – trotz gesundheitlicher Beschwerden – möglichst selbständig in ihrer gewohnten Umgebung leben können. Dies ist ein weitgehend anerkanntes Ziel der heutigen Alterspolitik, das auch dem Wunsch der meisten Betagten entspricht. Da Krankheiten und Altersbeschwerden immer nur einzelne Funktionen (wie die Mobilität, die Fähigkeit zu schwerer körperlicher Arbeit, zum Kochen usw.) beeinträchtigen, sind flexible Hilfsangebote nötig. Im Lauf der Jahrzehnte sind Tausende von lokalen Organisationen entstanden, die solche Hilfe organisieren und anbieten. Die folgende Darstellung gibt einen Überblick. (Die Bezeichnung der Dienste und die Angebote können von Gemeinde zu Gemeinde etwas abweichen.)

Gemeindekrankenpflege: Gemeindeschwestern kommen regelmässig, bei Bedarf auch mehrmals täglich, zu den Patientinnen und Patienten nach Hause und leisten – in Absprache mit dem behandelnden Arzt – die Grund-, Behandlungs- und Aktivierungspflege sowie die pflegerische Rehabilitation.

Pflegehelferdienst: Ausgebildete Pflegehelferinnen entlasten die Gemeindeschwestern in der Grundpflege.

Taghütedienst: Freiwillige springen nach Bedarf bei der Betreuung von Pflegebedürftigen ein, begleiten diese zum Arzt oder auf einen Spaziergang. Sie entlasten so auch pflegende Angehörige.

Nachthütedienst: Pikettdienst bei verwirrten oder sonst gefährdeten Pflegepatienten durch Freiwillige. Ablösung von pflegenden Angehörigen.

Selbsthilfegruppen: Menschen mit ähnlichen Problemen oder betroffen von der gleichen Krankheit schliessen sich vermehrt zu Gruppen zusammen, tauschen Erfahrungen aus und stützen sich gegenseitig.

Hauspflege: Ausgebildete Hauspflegerinnen führen den Haushalt oder übernehmen einzelne Haushaltarbeiten, begleiten und betreuen unter anderem alte Menschen.

Haushilfe: Betreuung und Hilfe im Haushalt durch Laienmitarbeiterinnen.

Reinigungsdienst: Erledigt die gründliche Wohnungs- oder Hausreinigung.

Versorgungsdienst: Freiwillige besorgen handwerkliche Arbeiten, hängen die Vorfenster ein oder räumen die alten Möbel vom Estrich.

Wasch- und Flickdienst: Freiwillige (oft vom lokalen Frauenverein) helfen bei der grossen Wäsche oder übernehmen Flickarbeiten.

Mahlzeitendienst: Zentral produzierte Fertigmahlzeiten in Plastikbeuteln werden von Freiwilligen ins Haus gebracht. Das Essen muss nur noch aufgewärmt und angerichtet werden.

Mittagstische: In vielen Heimen, angegliederten Restaurants, Kirchgemeindehäusern usw. wird am Mittag – täglich oder an einem festen Wochentag – für die älteren Nachbarinnen und Nachbarn eine ausgewogene Mahlzeit angeboten. Nebst dem guten, warmen Essen bieten sich Gelegenheiten für soziale Kontakte.

Besuchsdienste: Viele alte Menschen haben keine Angehörigen und Freunde mehr. Sind sie gehbehindert oder krank, ist es für sie schwierig, neue Kontakte zu knüpfen. An vielen Orten haben soziale Institutionen oder Gruppen von Freiwilligen Besuchsdienste geschaffen. Sie gewährleisten, dass auch einsame Menschen regelmässig zu Hause, im Heim oder im Spital besucht werden.

Telefonketten: Das Telefon ist für viele Betagte ein einfaches, schnelles und bequemes Mittel, um mit der Aussenwelt Kontakt zu halten. Die Mitglieder von Telefonketten rufen sich zu einer vereinbarten Zeit an, vergewissern sich, dass alles in Ordnung ist und plaudern ein paar Minuten miteinander.

Krankenmobilien: Wer Krankenmobilien, Fahrstühle oder Elektrobetten benötigt, kann diese in speziellen Krankenmobilienmagazinen mieten oder durch die Gemeindeschwester oder den Samariterverein anfordern.

Beratungsstellen: In vielen Gemeinden gibt es Sozialberatungsstellen oder Beratungsstellen von Pro Senectute (Adressen im Anhang auf Seite 188). Sie helfen, aus dem mancherorts verwirrend vielfältigen Angebot an Dienstleistungen die passenden zu finden und die Finanzierung zu regeln.

Pflege in der Familie

«Früher wurden die Menschen durch ihre Angehörigen gepflegt – heute schiebt man sie ins Pflegeheim ab.» Dieses Klischee ist ebenso weitverbreitet wie falsch. Erstens starben «früher» die meisten Menschen, bevor sie alt und gebrechlich waren. Die jahrelange Pflege von Hochbetagten in grosser Zahl ist ein geschichtlich neues Phänomen. Zweitens werden in der Schweiz Zehntausende von chronischkranken, alten Menschen durch ihre Angehörigen zu Hause betreut.

Die Pflege in der Familie wird gegenwärtig durch Gesundheitspolitiker hoch gelobt. Der Personalnotstand und die steigenden Kosten im Gesundheitswesen legen dies nahe. Sicher ist es für die meisten Pflegebedürftigen gut, wenn sie in einer gewohnten Umgebung und im Kreis vertrauter Menschen leben können. Doch ideal sind die Voraussetzungen und Rahmenbedingungen für die langfristige Betreuung von Chronischkranken und Sterbenden in den wenigsten Familien.

Sehr einseitig liegt die Last der Pflege bei Frauen, in der Regel bei Töchtern oder Schwiegertöchtern. Langzeitpflege zwingt diese oft, eine Berufstätigkeit aufzugeben oder auf den Wiedereinstieg nach dem Selbständigwerden der Kinder zu verzichten. Die Pflegeleistung innerhalb der Familie wird nur selten entlöhnt. Damit entfällt auch ein rentenbildendes Einkommen für die Pflegerin, was sich auf ihre eigene Altersvorsorge sehr ungünstig auswirken kann. Das dauernde Angebundensein, die Einsatzbereitschaft rund um die Uhr, die Störungen der Nachtruhe überfordern häufig die Betreuerin und führen zu deren sozialer Isolation. Die Pflege von bettlägrigen, urin- oder stuhlinkontinenten Angehörigen ist körperlich und psychisch sehr anstrengend. Manche pflegende Frau treibt damit Raubbau an der eigenen Gesundheit.

Die populären gesundheitspolitischen Sonntagsreden zum Lob der Familienpflege sollten deshalb dringend mit handfesten Verbesserungen untermauert werden, zum Beispiel durch:

- finanzielle Entschädigung der Pflegeleistungen
- Anerkennung der Pflegeleistung für die Altersvorsorge der Pflegenden
- gezielte Entlastung durch Spitex-Dienste, halbstationäre Einrichtungen (wie Tageskliniken) oder temporäre Pflegeheimplätze (damit die Angehörigen Ferien machen können)
- unentgeltliche Weiterbildung der Pflegenden
- Organisation von Erfahrungsaustausch und psychosozialer Unterstützung
- kürzere und flexible Arbeitszeiten, die es vermehrt auch erwerbstätigen Männern erlauben würden, bei der Pflege betagter Eltern mitzuhelfen

Nur wenn es gelingt, das gesellschaftliche Ansehen der Pflege in der Familie aufzuwerten und mit den professionellen Angeboten besser in Einklang zu bringen, kann diese zweifellos wünschenswerte Form der Betreuung die in sie gesetzten hohen Erwartungen erfüllen.

Patientenrechte im Spital

Wer krank ist, fühlt sich rasch hilflos, abhängig und vielleicht sogar ausgeliefert. Das Machtgefälle zwischen Arzt und Patientin oder Patient ist gross, das Spital erscheint den «Neueintritten» als anonymer, undurchschaubarer und dadurch wenig Vertrauen erweckender Apparat. Wer würde da nicht schwanken zwischen dem Bedürfnis, sich der Obhut pflegender und heilender Hände anzuvertrauen, und der Angst, die

Entscheidungsfreiheit über den eigenen Körper aus der Hand zu geben, an Schläuche und Monitoren angehängt zu werden, selber Teil der technisch hochgerüsteten Maschinerie Spital zu werden und so einen Teil der menschlichen Identität und Würde zu verlieren? Da ist es gut zu wissen: Patienten haben Rechte.

Recht auf Information

Der zuständige Arzt oder die Ärztin hat Sie in einer für Sie verständlichen Form über Ihren Gesundheitszustand, den voraussichtlichen Verlauf der Krankheit und die geplanten Heilmassnahmen aufzuklären. Sie sollen erfahren, mit welchen Risiken eine Behandlung behaftet ist und ob es dazu Alternativen gibt. Sie haben Anspruch zu wissen, wer wann für Ihre Behandlung und Pflege zuständig ist. Wenn Sie eine Erklärung nicht verstehen oder über vorgesehene Massnahmen im Ungewissen sind, erkundigen Sie sich. Nur im offenen Gespräch entsteht ein Vertrauensverhältnis, das für Ihre Genesung wichtig ist.

Selbstbestimmung

Vor schwerwiegenden Eingriffen (insbesondere Operationen, schmerzhaften oder risikoreichen Untersuchungen, Bestrahlungen oder der Verabreichung von Medikamenten mit möglicherweise gefährlichen Nebenwirkungen) muss Ihr Einverständnis eingeholt werden. Die meisten Spitäler lassen sich für solche Eingriffe eine schriftliche Vollmacht erteilen. Gegen Ihren ausdrücklichen Willen dürfen keine Eingriffe an Ihrem Körper vorgenommen werden. Das Einverständnis zu einfachen Eingriffen (Blutentnahme und dergleichen) wird allerdings stillschweigend vorausgesetzt.

Für einen kranken Menschen (und medizinischen Laien) ist es natürlich schwierig, eine Auseinandersetzung mit medizinischem Fachpersonal zu führen. Kann Sie der Arzt nicht überzeugen oder stehen Ihrer Zustimmung allzugrosse Zweifel im Weg, kann es sinnvoll sein, Angehörige oder eine aussenstehende Vertrauensperson zu einer Aussprache beizuziehen.

Patientenverfügung

Nicht immer wird es möglich sein, vor einem medizinischen Eingriff ausführliche Gespräche zu führen. Nach einem Unfall oder wenn während einer Operation Komplikationen auftreten, muss der Arzt rasch handeln. Er hat sein Wirken auch dann auf das «Wohl des Patienten» auszurichten, bestimmt nun aber selber, was für diesen gut sein soll. Mit einer Patientenverfügung können Sie für solche Fälle vorbeugend einige Grenzen ziehen. (Siehe auch 12. Kapitel, Seite 159.)

Einblick in die Krankengeschichte

Zum Informationsrecht gehört die Möglichkeit, die Krankengeschichte mit allen dazugehörenden Laborbefunden, Untersuchungsberichten, Röntgenbildern, Operationsberichten und Ihren eigenen Angaben zu lesen und davon Kopien anzufertigen. Umstritten ist, ob zur Krankengeschichte auch die persönlichen Notizen des ärztlichen und pflegerischen Personals gehören.

Datenschutz

Alle Personen, die mit Ihrer Behandlung und Pflege betraut sind, unterstehen der ärztlichen Schweigepflicht. Dennoch ist es üblich, dass Ihre Angehörigen – wenn sie sich beim zuständigen Arzt erkundigen – über Ihren Gesundheitszustand informiert werden. Wünschen Sie etwas anderes, sollten Sie dies dem behandelnden Arzt mitteilen.

Schutz der Intimsphäre und persönlichen Würde

Das ärztliche und pflegerische Personal hat Sie jederzeit korrekt und freundlich zu behandeln. Eingriffe in Ihre Privatsphäre haben sich auf das absolut notwendige Minimum zu beschränken.

Viele Patientenrechte – die zum Teil in kantonalen Spitalgesetzen und klinikeigenen Reglementen festgeschrieben sind – enthalten reichlich Gummi. Bei Auseinandersetzungen wird dann die berühmte Ausnahme bemüht, und was im konkreten Fall «angemessen» oder «im Interesse des Patienten» sein soll, ist nur schwer feststellbar.

Wer mit einer Behandlung oder dem persönlichen Verhalten des Personals nicht einverstanden ist, sollte deshalb möglichst rasch und klar, korrekt und unverletzend seinen Standpunkt kundtun. Ist keine Einigung möglich und handelt es sich um eine wichtige Sache, können die vorgesetzten Instanzen angesprochen werden. Bedenken Sie dabei, dass das Pflegepersonal, Ärzte und Ärztinnen eine fachlich und menschlich äusserst anspruchsvolle, oft belastende Aufgabe erfüllen – und dies unter extrem schwierigen Arbeitsbedingungen.

Bei der Durchsetzung von Patientenrechten helfen die Patientenorganisationen und -stellen sowie der Beratungsdienst des Schweizerischen Beobachters (Adressen im Anhang, Seite 188).

Notrufsysteme

Viele alte Menschen treten in ein Heim ein, nachdem sie in ihrer Wohnung gestürzt und vielleicht sogar längere Zeit hilflos am Boden gelegen sind. Das Erlebnis, den eigenen Körper nicht mehr immer zu beherrschen, erfüllt sie mit Gefühlen der Ohnmacht und Angst. Und diese Angst wird geteilt durch die Angehörigen. Schade, wenn jemand nur deswegen sein Zuhause, einen Teil seiner Aktivitäten und des sozialen Umfeldes aufgeben muss.

Notrufsysteme können eine wichtige Brücke zur Aussenwelt bilden. Sie gewährleisten im Idealfall rasche und kompetente Hilfe. Bereits gibt es auf dem Schweizer Markt mehrere, unterschiedlich funktionierende Notrufsysteme für verschiedene Bedürfnisse.

Alle Systeme arbeiten mit einem kleinen, leichten Alarmgerät, das etwa wie eine Uhr am Handgelenk oder am

Hüftgurt befestigt wird. Wasserdichte Geräte können auch in der Badewanne und unter der Dusche getragen werden. Nach einem Sturz oder bei plötzlichem Unwohlsein genügt ein Druck auf den Knopf oder ein Zug an der Kordel, um Alarm auszulösen.

Um grösstmögliche Mobilität zu ermöglichen, übermittelt das Alarmgerät den Notruf drahtlos über Funk zu dem in der Wohnung fest installierten Übertragungsapparat. Von da an wird entweder der Stromkreis oder das Telefonnetz benutzt. Im ersten Fall können nur Personen alarmiert werden, die am gleichen Stromkreis angeschlossen sind (in der Regel die Nachbarn im gleichen Haus). In ihrem Gerät werden nun akustische und/oder optische Signale ausgelöst. Andere Systeme wählen automatisch die vorgegebenen Telefonnummern an: zum Beispiel eine Nachbarin, den Sohn, den Hauswart, den ärztlichen Notfalldienst oder eine Alarmzentrale. Die aufwendigsten Systeme erlauben sogar direkten Sprechkontakt via das im mobilen Alarmgerät eingebaute Mikrophon und den Lautsprecher.

Die Kaufpreise für die verschiedenen Systeme liegen zwischen rund tausend und dreitausend Franken. Auch Miete ist möglich.

Wer ein Notrufsystem anschaffen will, sollte vorher genau die Einsatzbedürfnisse abklären:
  – Wie gross soll die Reichweite des Geräts sein?
  – Wer soll alarmiert werden?
  – Wann und wie sind die alarmierten Personen erreichbar, und welche Art von Hilfe können sie leisten?

Die Beratungsstellen von Pro Senectute und vom Schweizerischen Roten Kreuz helfen bei der Auswahl des individuell geeigneten Systems.

Das Praktikum als Gemeindeschwester hat mir gut getan

«Morgens um 7.15 Uhr gehe ich auf die Tour. Der erste Patient ist Herr Wenger, er braucht seine Insulininjektion. Es ist wichtig für ihn, dass wir nicht zu spät kommen, da er frühstükken möchte. Er ist Rentner, hat aber dennoch den ganzen Tag etwas los, und er will am Morgen nicht zu lange im Haus bleiben.

Anschliessend gehe ich zu Herrn Geiger. Er lebt mit seiner Frau zusammen. Sie sind beide etwa achtzig Jahre alt. Herr Geiger kann nicht allein aufstehen und nur mühevoll kurze Strecken am Böckli gehen. Seine Frau, nach einem Herzinfarkt selber geschwächt, sorgt für ihn, so gut es geht. Ich mache bei Herrn Geiger eine Ganzwäsche und helfe beim Aufstehen. Wir üben jeweils auch das Gehen, was den Patienten aber sehr anstrengt. Am Abend gehe ich dann nochmals zu Herrn Geiger, um ihm beim Auskleiden zu helfen.

Jetzt erwartet mich bereits Herr Auer. Er hatte vor kurzer Zeit eine Dickdarmoperation, und es wurde ein Anus praeter angelegt. Den Anus praeter versorgt er bereits selber. Ich muss ihm die eiternden Wunddraineintrittsstellen verbinden. Der nächste Patient ist Herr Bauer. Er ist halbseitig gelähmt. Er lebt mit seiner Frau zusammen. Ich helfe beim Aufstehen. Eigentlich könnte ihm auch seine Frau aus dem Bett helfen. Für sie bedeutet aber unser täglicher Besuch eine Entlastung. Ich finde diesen Aspekt sehr wichtig.

Danach ist für kurze Zeit Pause; diese verbringe ich meistens mit den anderen Schwestern. Wir benützen diese gemeinsamen Treffen für eine kurze Lagebesprechung. In der Zeit danach, bis zur Mittagspause, besuche ich Frau Regli. Sie hat an beiden Beinen je ein handgrosses Ulcus cruris. Die tägliche Behandlung führe ich nach Verordnung der Dermatologischen Klinik aus.

Am Abend fahre ich zu zwei Patienten, um die Medikamente für den nächsten Tag zu richten. Ich helfe Frau Meier beim Baden. Sie ist eigentlich gesund, fürchtet aber, nicht mehr aus der Wanne steigen zu können. Den Abschluss der Tour bildet der Besuch bei Frau Schmid. Sie leidet an Multipler Sklerose und ist an beiden Beiden gelähmt. Ihr Mann sorgt für sie. Meine Aufgabe ist, ihr ins Bett zu helfen.

Meine Arbeit in der Gemeinde hat mir sehr gut gefallen und auch gut getan. Es war schön, selbständig zu arbeiten und sich die Zeit frei einzuteilen. Verglichen mit der Arbeit im Spital ist es vielleicht technisch nicht so anspruchsvoll. Die Pflege ist aber viel weniger begrenzt durch Regeln und verlangt mehr eigene Ideen und Initiative.» (Aus dem Bericht einer Schwesternschülerin im Mitteilungsblatt der Schwesternschule vom Roten Kreuz, März 1990)

12. Kapitel

Sterben

In Würde das Leben abschliessen

«Am Tag vor ihrem siebzigsten Geburtstag erlitt sie einen Schlaganfall und verlor für mehrere Stunden ihr Bewusstsein. Als sie wieder zu sich kam, bat sie, dass man sie im Bett aufsetzen möge. Ein bezauberndes Lächeln verklärte ihr Gesicht, und mit leuchtenden Augen sagte sie, dass sie alle die verschiedenen, im Hause anwesenden Menschen sehen wolle. Sie verabschiedete sich von jedem einzelnen, als begebe sie sich auf eine lange Reise, sie trug auch Dankesgrüsse auf an Freunde und Verwandte und an alle, die sich um sie gekümmert hatten. Ganz besonders erinnerte sie sich an all die Kinder, die ihr Freude bereitet hatten. Als dieser ‹Empfang› nahezu eine Stunde angedauert hatte, verliessen sie ihre Kräfte. Sie sagte uns aufs liebevollste Lebewohl und bat dann: ‹Nun lasst mich schlafen.›

Eine halbe Stunde später kam ihr Arzt vorbei und erkundigte sich nach ihrem Befinden. Als ich antwortete: ‹Sie liegt im Sterben›, geriet er ausser sich vor Wut; er beschuldigte mich der Schwarzmalerei und drohte damit, dass er sie in ein Krankenhaus einweisen werde. Unverzüglich ging er daran, eine Spritze vorzubereiten, die sie ins Leben zurückrufen sollte. Ich versuchte verzweifelt, ihn daran zu hindern; ich bat ihn inständig, ihren Wunsch zu respektieren, einschlafen zu dürfen, nachdem sie nunmehr endgültig Abschied genommen habe. Zornig schüttelte er mich und meine Einwände ab und beugte sich, die aufgezogene Spritze in der Hand, suchend über seine Patientin. Sie war anscheinend bewusstlos gewesen, aber in diesem Augenblick schlug sie ihre Augen auf, und mit dem gleichen strahlenden Lächeln, mit dem sie uns Lebewohl gesagt hatte, legte sie ihre Arme um den Hals des Arztes und flüsterte: ‹Ich danke Ihnen, Professor.› Da traten dem Arzt die Tränen in die Augen, und von einer Spritze war nicht mehr die Rede. Er verliess uns als Freund und Verbündeter, und seine Patientin schlief friedlich weiter und wachte nicht mehr auf.» (Lily Pincus in ihrem Buch ‹… bis dass der Tod euch scheidet›)

Sterben gehört zum Leben

Der Tod ist aus dem Alltag verschwunden. Zwar füllen die Todesanzeigen in den Zeitungen täglich Spalten, doch gestorben und getrauert wird unter Ausschluss der Öffentlichkeit.

Das war nicht immer so. In vielen Dörfern wurde noch vor wenigen Jahrzehnten der Tod eines Mitbewohners öffentlich ausgerufen. Nachbarn, Verwandte, Freunde und Feinde waren aufgerufen, vom Verstorbenen Abschied zu nehmen. Der Leichnam wurde im Trauerhaus aufgebahrt. Gemeinsam hielten die Hinterbliebenen Totenwache, gemeinsam beteten und trauerten sie. Mit dem zeremoniellen Trauerzug vom Haus zur Kirche und zum Gottesacker wurde eine räumliche und zeitliche Trennung vollzogen.

In unserer heutigen Gesellschaft gibt es dafür keinen Platz. Wo Leistungsstreben, Konsumfreude, ewige Jugendlichkeit und Fitness derart hoch im Kurs stehen, müssen Krankheiten und Gebrechen als ärgerliche Störfaktoren erscheinen – und der Tod als vernichtende Niederlage.

Die Tendenz, Krankheit und Tod zu verdrängen, wird verstärkt durch den Verlust religiöser Werte. Einst war der Tod im Verständnis der meisten Menschen bloss Übergang von einer Daseinsform in eine andere. Der Verlust dieses Lebens wurde aufgewogen durch die Aussicht auf den Eintritt in eine bessere, ja sogar paradiesische Welt. Diese Hoffnung ist in unserer «aufgeklärten» Zeit vielen Menschen abhanden gekommen. Der Tod ist nicht mehr «Etappenhalt» auf dem Weg ins ewige Leben, sondern das Ende. So ist der Tod nicht mehr Teil des Lebens, sondern dessen Todfeind. Sind wir aber bereit, uns mit der vermuteten Endgültigkeit auseinanderzusetzen, sie zu akzeptieren? Oder kämpfen wir verbissen, mit dem Einsatz aller technischen Mittel gegen das Ende? Führen wir einen Kampf, den wir doch immer nur verlieren können? Verdrängen wir die unvermeidlichen Niederlagen, weil sie die Allmachtsfantasien der Überlebenden in Frage stellen?

Die Verdrängung des Todes aus dem öffentlichen Leben in ein klinisch sauberes Spitalzimmer oder die abgeschirmte Privatheit der Familie verursacht Probleme: Das Abschiednehmen von Sterbenden und Überlebenden wird erschwert oder gar verunmöglicht. Für isoliert Sterbende ist es sehr schwierig, mit sich selber, mit den genutzten und verpassten Lebenschancen ins reine zu kommen. Vielschichtige, komplexe Beziehungen werden nicht abgeschlossen, sondern abrupt abgeschnitten. Umso schwieriger ist es für die Hinterbliebenen zu trauern. Das Verschwinden der früheren Trauerzeremonien, der gemeinsamen Gebete und Gedenkfeiern zwingt die Betroffenen, mit ihrer Trauer je allein fertigzuwerden.

Wer gut und intensiv lebt, kann sich leichter dem Gedanken an den Tod stellen, und wer gelegentlich an den unausweichlichen Tod denkt, zieht daraus Nutzen für sein Leben.

Alte Menschen werden häufig gezwungen, von lieben Freunden und Verwandten endgültig Abschied zu nehmen. Immer wirft das auch Fragen auf: Wer ist der Nächste, der diese Welt verlassen wird? Wann schlägt meine Stunde? Was darf ich vom Leben noch erwarten? Was folgt danach? Wie nutze ich meine verbleibende Zeit? Was will ich noch erleben und erreichen? Welche Wünsche und Hoffnungen muss ich loslassen? Dazu kommen praktische Fragen: Habe ich meinen Nachlass geregelt? Sind meine Vermögensverhältnisse übersichtlich geordnet und die Unterlagen sicher aufbewahrt? Wie leben meine Partnerin, mein Partner, meine Kinder nach meinem Tod weiter? Solche Gedanken eignen sich nicht fürs stille Kämmerlein. Reden Sie darüber offen mit Ihren Angehörigen, Freunden, einem Seelsorger, Anwalt oder andern Vertrauten.

Testament und Erbschaft

Ein Leben lang ist der Mensch eingebunden in vielfältige Beziehungen, und selbst nach dem Tod beeinflusst er noch das Leben seiner Angehörigen, wirft Schatten oder verbreitet Licht. Zu den Schmerzen der Hinterbliebenen kann die Angst über unklare, ungesicherte finanzielle Verhältnisse hinzukommen. Die prächtige Briefmarkensammlung des Verstorbenen kann weiterhin Freude machen – und die jahrelang am Steueramt vorbeigeschmuggelten Obligationen können unerwartet Verdruss bereiten.

Wer Vermögen gebildet hat, sollte sich beizeiten über dessen Zukunft Gedanken machen.

Ist ein Ehepartner verstorben, findet zuerst eine güterrechtliche Auseinandersetzung statt. Das gesamte eheliche Vermögen wird aufgeteilt in
- Eigengut der Frau
- Eigengut des Mannes
- Errungenschaft der Frau
- Errungenschaft des Mannes

Zum Eigengut gehören die Gegenstände zum persönlichen Gebrauch, die in die Ehe eingebrachten Vermögenswerte sowie die während der Ehe erhaltenen Erbschaften und Schenkungen. Die Errungenschaft stammt aus dem Arbeitserwerb, den Vermögenserträgen und den Leistungen von Pensionskassen und Sozialversicherungen. Jeder Ehepartner, beziehungsweise dessen Erben, hat nebst seinem Eigengut Anspruch auf die halbe Errungenschaft des andern.

Diese Aufteilungsart, genannt Errungenschaftsbeteiligung, gilt grundsätzlich seit dem 1. 1. 1988 für alle Ehepaare, die nicht ausdrücklich einen andern Güterstand (zum Beispiel abgeänderte Güterverbindung, Gütertrennung oder Gütergemeinschaft) vereinbart oder bis Ende 1988 eine gemeinsame Erklärung abgegeben haben, dass sie die güterrechtliche Regelung des alten Rechts (Güterverbindung) beibehalten wollen.

Für die Aufteilung des ehelichen Vermögens kann es von Vorteil sein, wenn periodisch ein Inventar der verschiedenen Vermögenswerte aufgestellt wird.

Erst nach der güterrechtlichen Auseinandersetzung, der Aufteilung des ehelichen Vermögens auf die beiden Partner, stellt sich die Frage: Wer erbt das Vermögen des Verstorbenen?

Die Erbfolgeordnung, die gesetzlichen Erbquoten und die Pflichtteile sind im Zivilgesetzbuch geregelt (ZGB Art. 457 und folgende). Neben dem überlebenden Ehepartner, erben in erster Linie die Nachkommen. Gibt es keine Nachkommen, gelangen auch die Elternstämme (Eltern des Erblassers und deren Nachkommen) zum Zug. Fehlen Ehegatten, Nachkommen und Elternstamm, geht die Erbschaft an die Grosseltern und deren Nachkommen.

Befindet sich in der Erbschaft ein Haus oder eine Eigentumswohnung, worin die Eheleute gelebt haben, kann der überlebende Partner verlangen, dass ihm daran das Eigentum zugeteilt werde. Der Wert wird ihm natürlich an sein Erbteil angerechnet. Gleiches gilt für den Hausrat.

Die vom Gesetz vorgesehenen Erbquoten können durch ein Testament geändert werden. Der freie Wille des Erblassers ist dabei nicht unbegrenzt. Er muss die gesetzlich vorgeschriebenen Pflichtteile einhalten.

Durch ein Testament können zum Beispiel Anordnungen über die Zuteilung einzelner Objekte gemacht, einzelne Erben begünstigt und Nichterben mit einem Vermächtnis bedacht werden.

Jede Person, die mindestens 18 Jahre alt und urteilsfähig ist, kann ein Testament – auch letztwillige Verfügung genannt – aufsetzen. Das «eigenhändige Testament» muss von Anfang bis Ende handschriftlich verfasst, mit Ort, Datum und Unterschrift versehen werden. Es kann vom Verfasser jederzeit geändert oder aufgehoben werden. Tauchen nach dem Tod mehrere, sich widersprechende Testamente auf, gilt im Zweifelsfall der «letzte Wille». Sinnvoll ist es, ausser Kraft gesetzte Testamente zu vernichten und das gültige Testament bei den vom Kanton dafür bezeichneten Amtsstellen (Adressen im Anhang auf Seite 189) oder einer Bank zu hinterlegen. Ein «öffentliches Testament» wird durch einen Notar oder eine andere Urkundsperson verfasst und in Gegenwart von zwei Zeugen unterzeichnet. Vorteil gegenüber dem eigenhändigen Testament: Die Urkundsperson bietet rechtliche Beratung, und die Zeugen bestätigen, dass der Erblasser im Zeitpunkt der Testamentserrichtung zurechnungsfähig war. Das öffentliche Testament eignet sich besonders für alte oder kranke Menschen.

Häufig wird die Zukunft des Vermögens nicht in einem Testament, sondern in einem Ehe- und/oder Erbvertrag geregelt. Diese Verträge müssen notariell beurkundet werden.

Nicht nur Vermögen, auch Schulden werden vererbt. Herrscht über die Erbschaft Unklarheit, kann jeder Erbe innert Monatsfrist seit Kenntnis des Todes ein öffentliches Inventar verlangen. Er kann die Erbschaft innert drei Monaten ausschlagen. Verpasst er diese Frist, mischt er sich während der Ausschlagungsfrist in die Erbschaft ein oder nimmt er Erbschaftssachen an sich, gilt die Erbschaft als angenommen.

Detaillierte Informationen über das Erbrecht gibt Ihnen der Beobachter-Ratgeber ‹Testament, Erbfolge, Erbschaft›. Bei komplizierten Verhältnissen sollte eine juristische Fachperson beigezogen werden.

Tod von Angehörigen

Ist jemand zu Hause verstorben, muss sofort der Hausarzt, dessen Stellvertreter oder der Notarzt verständigt werden. Der Arzt stellt eine ärztliche Todesbescheinigung aus. Ist der Tod nicht als «Folge eines natürlichen inneren Geschehens» eingetreten (sondern zum Beispiel durch Unfall oder Selbstmord), muss der Arzt unverzüglich die Polizei verständigen. Stirbt jemand im Krankenhaus, händigt die Verwaltung den Angehörigen die Todesbescheinigung aus.

Ein naher Angehöriger meldet den Tod beim Zivilstandsamt oder Bestattungsamt des Sterbeortes. Das Verfahren und die benötigten Unterlagen sind nicht in jeder Gemeinde gleich.

In der Regel werden folgende Unterlagen benötigt:
  – Todesbescheinigung vom Hausarzt/Spital
  – Familienbüchlein
  – Personalausweis/Pass
  – Niederlassungsbewilligung (Ausländer)

Mit dem Bestattungsamt werden Art, Ort und Zeit der Bestattung beziehungsweise Trauerfeier vereinbart. Zu regeln ist die Überführung des Verstorbenen, die Wahl von Sarg und Urne, Trauerrednern und Musikdarbietungen.

An den meisten Abdankungsfeiern spricht ein Pfarrer. Kennt er den oder die Verstorbene nicht persönlich, so benötigt er einen Lebenslauf. Gelegentlich würdigt auch eine befreundete Person das Leben des Verstorbenen. Für die Trauerfeier wird oft ein Blumenschmuck bestellt. Im Anschluss an die Trauerfeier findet meistens ein Leidmahl statt. Die Angehörigen reservieren dafür ein geeignetes Lokal. Die Trauerfeier wird durch Todesanzeige in den Zeitungen oder persönlich adressierte Todesanzeigen angekündigt. Arbeitgeber, Vereine, Parteien, in denen die verstorbene Person gewirkt hat, müssen sofort verständigt werden. Auch sie möchten ihre Mitglieder informieren und an der Bestattung teilnehmen.

Rasch zu benachrichtigen sind ausserdem:
- Lebensversicherungsgesellschaften
- AHV
- Pensionskasse
- andere Versicherungen
- Vermieter
- Bank
- Postcheckamt

Bestattungsunternehmen erledigen gegen Entgelt die meisten der vorgenannten Aufgaben.

Sterbebegleitung

Viele Menschen sagen, dass sie nicht so sehr vor dem Tod Angst hätten, als vielmehr vor einem unwürdigen Sterben. Die Aussicht auf kaum erträgliche Schmerzen, die Abhängigkeit von technischen Apparaten und die Gefahr, in der letzten Stunde allein und verlassen in einem Klinikzimmer das Leben auszuhauchen, erfüllt die Menschen mit Schrecken.

Die gesellschaftliche Tendenz, den Tod zu verdrängen und das Sterben abzusondern, hat in den letzten Jahren Gegenbewegungen ausgelöst. Patientinnen und Patienten verlassen angesichts des nahenden Todes das Spital und verbringen ihre letzten Wochen bei den Angehörigen. Wo dies nicht möglich ist, wird immerhin das Bedürfnis nach Sterbebegleitung vermehrt anerkannt. Für viele Mediziner ist dies nicht selbstverständlich. Sie kämpfen oft unter Einsatz aller technischen und pharmazeutischen Mittel bis zum letzten Atemzug ihrer Patienten für deren Leben. Die ruhige Vorbereitung auf den Tod muss da wie Sabotage ihrer Bemühungen wirken. Oft sind es die Pflegerinnen, die spüren, wenn eine Patientin oder ein Patient sich mit dem nahenden Lebensende beschäftigt, und als Gesprächspartnerin zur Verfügung stehen. Zeitdruck, Schichtarbeit und Personalmangel begrenzen leider ihre Möglichkeiten. Deshalb ist es besonders wichtig, dass auch Freunde und Verwandte an den existenziellen Fragen nach den Ursachen des Leidens, dem Sinn des Lebens, nach dem Warum und Wohin Anteil nehmen. Für die Sterbenden ist es von grosser Bedeutung, dass in diesen schweren Stunden jemand bei ihnen ist, ihnen zuhört, ihnen die Hand hält.

Nicht alle Sterbenden haben Angehörige. Und nicht alle Angehörigen wollen oder können Sterbebegleiter oder -begleiterin sein. An mehreren Orten in der Schweiz haben sich in den letzten Jahren Gruppen von Sterbebegleiterinnen gebildet, die einsame Schwerkranke auf ihrem letzten Abschnitt des Lebensweges begleiten. Obwohl solche Gruppen konfessionell und weltanschaulich meistens unabhängig sind, besteht in der Regel ein enger Kontakt zu den Spitalseelsorgern, für die Sterbebegleitung ebenfalls eine wichtige Aufgabe ist.

Sterbehilfe

Die Diskussion um aktive und passive Sterbehilfe, Patientenverfügungen und den Freitod von Schwerkranken wird zur Zeit mit grosser Heftigkeit geführt. Vor allem der Verein Exit, dem innert weniger Jahre über 40 000 Mitglieder beigetreten sind, hat das Thema mit zum Teil umstrittenen Inseraten und Aktionen ins öffentliche Bewusstsein gerückt. Überschattet wird die Diskussion von den schrecklichen Erfahrungen der Nazizeit, wo «unwertes Leben» in Massen vernichtet wurde. Im Gegensatz zu damals geht es heute ausschliesslich um den «Tod auf eigenen Wunsch» von schwer leidenden, unheilbar Kranken.

Die Fortschritte der medizinischen Wissenschaft und insbesondere der «Apparatemedizin» erlauben es heute, einen Menschen jahrelang am Leben zu halten, ohne dass er dies noch bewusst wahrnehmen könnte. Das Leben von Schwerkranken kann durch operative Eingriffe, Wiederbelebung nach Herzstillstand usw. verlängert werden. Bloss was für ein Leben? Wird nicht vor allem das Leiden verlängert?

Hier stellt sich die Frage nach einem würdigen Tod, nach dem Sterben-Lassen, wie es von der Natur offensichtlich vorgesehen ist. Der Verzicht auf lebensverlängernde Massnahmen ist eine Form der passiven Sterbehilfe. Sie wird dort, wo ein unheilbar Kranker darum ersucht, in der Regel erfüllt. Der Arzt hat nicht nur Leben zu erhalten, er hat auch Leid zu lindern. Problematisch wird es, wenn der Patient seinen Willen nicht äussern kann, weil er zum Beispiel bewusstlos oder nicht mehr bei klarem Verstand ist. In diesem Fall müssen die Ärzte versuchen, den «mutmasslichen Willen des Patienten» zu ermitteln. Dabei sind die gesamten Lebensumstände des Patienten zu berücksichtigen. Angehörige können bei diesem schwierigen Entscheid mithelfen.

Viele Menschen greifen hier vorbeugend ein, indem sie in guten Tagen eine Patientenverfügung ausstellen. Ein Beispiel: «Wenn keine Hoffnung mehr besteht, dass mein schweres Leiden entscheidend gebessert werden kann, und ich geistig nicht mehr in der Lage sein werde, für weitere Massnahmen selbständige Entscheide zu fällen, dann verlange ich, dass man mich sterben lässt und auch keine Mittel mehr einsetzt, um mein Dasein zu verlängern. Ich bitte allenfalls um genügend schmerzlindernde Mittel, damit mein Leben sich in Würde und Stille vollende.» (Vorgedruckte Patientenverfügungen ähnlichen Inhalts können bei der Schweizerischen Patientenorganisation, bei Caritas und bei Exit bezogen werden. Adressen im Anhang auf Seite 188). Die rechtliche Verbindlichkeit solcher Verfügungen ist allerdings umstritten. Jedenfalls dienen sie als Indiz für den Patientenwillen.

Strafrechtliche Schranken setzt das Gesetz gegenüber der aktiven Sterbehilfe: «Wer einen Menschen auf sein ernstliches und dringliches Verlangen tötet, wird mit Gefängnis bestraft.» Diese Form von «Gnadentod» ist in der Schweiz – anders als in Holland – also nicht erlaubt.

Anders verhält es sich, wenn jemand dem Patienten hilft, seinem Leben selber ein Ende zu bereiten. «Beihilfe zum Selbstmord» (Art. 115 StGB) ist nur strafbar, wenn die Hilfe «aus selbstsüchtigen Beweggründen» geleistet wird. In der Schweiz wurden 1990 mehrere Strafverfahren gegen Vertreter der Exit-Bewegung eingestellt, da solche Motive fehlten.

Vor schweren Gewissensentscheiden stehen Ärzte von todkranken Patienten mit starken Schmerzen. Um diese zu lindern, sind manchmal hohe Dosen von Schmerzmitteln erforderlich, deren Nebenwirkungen zum früheren Tod führen können. Zwei ärztliche Ziele, das Lindern von Leid und das Erhalten von Leben, geraten in Konflikt.

Selbstverständlich kann das Strafrecht keinen Menschen von der ethischen Verantwortung für sein Tun und Lassen befreien. Immer gilt es, abzuwägen zwischen widersprüchlichen Zielen und Werten. Da ist das Selbstbestimmungsrecht jedes Menschen. Geht seine Autonomie so weit, dass er sein Leben beenden darf, wenn er vor sich nur noch Leiden sieht – Leiden, dem er sich nicht gewachsen fühlt? Einige christliche Ethiker verneinen dies. Sie betrachten das Leben als von Gott gegeben, mit all seinen Freuden und Prüfungen.

Obwohl es immer ein einzelner Mensch ist, der seinen Entscheid über Leben und Tod treffen und verantworten muss – frei kann er nie bestimmen. Immer ist sein Entscheid geprägt von gesellschaftlichen Werten und Zwängen. Und da findet zur Zeit ein Wandel statt, der zu grossen Bedenken Anlass gibt: Die Wissenschaft ermöglicht am Anfang des Lebens (mit vorgeburtlichen Tests, genetischen Untersuchungen usw.) immer mehr eine «Qualitätskontrolle» für das werdende Leben – und scheidet das «unwerte» aus. Nicht auszuschliessen ist, dass parallel dazu auch das Lebensrecht von Alten und Gebrechlichen zunehmend in Frage gestellt wird. Ist die wachsende Bereitschaft unserer Gesellschaft, den Freitod von Kranken zu akzeptieren, vielleicht ein Vorbote dieser Entwicklung?

Der Mensch soll nicht nur das Recht haben, auf lebensverlängernde Massnahmen der Apparatemedizin zu verzichten und in Würde zu sterben. Die Gesellschaft muss ihm auch
ermöglichen, bis zum letzten natürlichen Atemzug in Würde
zu leben.

Ein sanfter Abschied

Wenn der Kampf gegen die Krankheit verloren ist? Wenn alle
Chemotherapien und Bestrahlungen nichts mehr erreichen?
Wenn der Tod unausweichlich wird? Die meisten Spitäler sind
schlecht auf diesen Fall eingestellt. Das therapeutische Arse-
nal wird weiter ausgeschöpft, die Illusion einer möglichen
Heilung aufrechterhalten, der Tod verdrängt.

Anders in der ‹Fondation Rive-Neuve› im waadtländi-
schen Villeneuve. In der ehemaligen Privatvilla leben fünf-
zehn Patientinnen und Patienten. Alle sind schwerkrank,
viele verbringen hier die letzten Wochen und Monate ihres
Lebens. Nicht die Krankheit steht im Mittelpunkt der ärztlichen und pflegerischen Bemühungen, sondern der Mensch –
mit seinen Schmerzen, die zu lindern sind, mit seinen Äng-
sten und ungelösten Problemen.

Kranke, Pflegende und Angehörige essen zusammen,
die Atmosphäre ist familiär. Dank dem Verzicht auf medizinische Therapien hat das Personal viel Zeit, um mit den Patienten zu reden. Massagen, Streicheln, menschliche Zuwendung
sind gute Medizin für Sterbende. Ihr Bedürfnis, mit einem offenen, vertrauten Menschen zu reden, den Gefühlen freien
Lauf zu lassen, muss sich nicht an einen fixen Stundenplan
halten.

Rive-Neuve versteht sich nicht als Sterbeklinik. Etwa die
Hälfte der Patientinnen und Patienten kommt für einige Wochen hierher, um dann den letzten Lebensabschnitt im Kreis
der Familie zu verbringen. Jederzeit kann ein Patient aber in
die Klinik zurückkehren. Diese Offenheit hilft den Angehöri-

gen, je nach ihren Möglichkeiten an der Pflege und Betreuung der Kranken teilzunehmen.

Schmerzlindernde und beruhigende Medikamente werden in Rive-Neuve umsichtig dosiert. Aktive Sterbehilfe (in Form der erlösenden Spritze) wird strikte abgelehnt. Nicht das Leiden abzukürzen ist das Ziel, sondern es erträglich zu machen.

Der Tod ist in Rive-Neuve allgegenwärtig. Ist in der Nacht ein Mensch gestorben, brennt am Morgen im Eingang eine Kerze. Der Tote wird in der kleinen Kapelle aufgebahrt, so dass alle von ihm Abschied nehmen können.

Anhang

Organisationen für Senioren

Senioren-Selbsthilfe

Eine neue Generation tritt ins Rentenalter: selbstbewusst, aktiv, ideenreich. Die «neuen Alten» wissen, dass mit der Pensionierung ein Lebensabschnitt beginnt, der nochmals vielfältige Herausforderung und Erfüllung bringen kann.

Immer mehr Menschen werden alt, und das stellt die Gesellschaft vor Probleme. Das Altersbild ist dringend revisionsbedürftig, der Generationenvertrag muss neu ausgehandelt werden. Eine Million Menschen im Rentenalter bilden ein enormes Potential an Erfahrung, Wissen, Fähigkeiten, Ideen, Wünschen und Hoffnungen. Zuviel davon liegt brach und muss in Zukunft – zum Nutzen aller – sinnvoll eingesetzt werden.

In den vergangenen Jahren hat die Senioren-Bewegung Schwung bekommen. In vielen Dörfern und Städten gründeten initiative Männer und Frauen Seniorenräte, Selbsthilfegruppen, Freizeiteinrichtungen und Dienstleistungsbetriebe. Verschiedene Rentnerorganisationen konnten viele neue Mitglieder gewinnen und Aktivitäten entwickeln. Seit Mai 1987 findet gesamtschweizerisch ein regelmässiger Erfahrungsaustausch statt. «Die Senioren-Selbsthilfe lernt gehen», kommentierte die Presse, und «die ältere Generation emanzipiert sich.»

In diesem Buch konnten einige wichtige Initiativen der Senioren-Bewegung beschrieben werden. Laufend entstehen neue. Informieren Sie sich über Aktivitäten an Ihrem Ort und nehmen Sie daran teil. Adressen vermitteln die auf den folgenden Seiten dargestellten Organisationen. Auch die Redaktion des Schweizerischen Beobachters, Postfach, 8152 Glattbrugg, vermittelt Interessenten Kontakte und berichtet über Neues von den Alten.

Pro Senectute

Die 1917 gegründete Stiftung Pro Senectute/Für das Alter ist die grösste private Organisation der Altershilfe. Sie wird von

Bund, Kantonen und Gemeinden subventioniert. Bei Pro Senectute arbeiten rund 500 Voll- oder Teilzeitbeschäftigte sowie 18000 Freiwillige und Ehrenamtliche.

Die Stiftung ist föderalistisch aufgebaut. Das Zentralsekretariat ist unter anderem für Koordination, Personalschulung und Information zuständig und unterhält folgende Fachstellen sowie Dienstleistungen:

- Alter und Sport
- Altersvorbereitung
- Bibliothek und Dokumentationsstelle
- Audiovisuelle Medien

Die Kantonalkomitees führen Geschäfts- und Beratungsstellen sowie Ortsvertretungen. Ihre Tätigkeiten sind unter anderem:

- Unentgeltliche Beratung von Senioren und ihren Angehörigen bei finanziellen und menschlichen Problemen, Vermittlung von Hilfen
- Beratung in Wohnfragen
- Hauslieferung altersgerechter Mahlzeiten
- Seniorensport (Turnen, Schwimmen, Wandern, Tanzen usw.)
- Sprachkurse, Kochkurse, kreative Tätigkeiten (Töpfern, Fotografieren usw.)
- Kurse und Seminare zur Vorbereitung auf das Alter
- Betrieb von Treffpunkten, Mittagsclubs usw.
- Transport- und Reinigungsdienste
- Wasch- und Flickdienst
- Coiffeurdienst
- Öffentlichkeitsarbeit

Jährlich nehmen rund 3500000 ältere Menschen die Dienste von Pro Senectute in Anspruch.

Die Zeitschrift ‹Zeitlupe› erscheint sechsmal im Jahr. Das Abonnement kostet 16.50 Franken.

Pro Senectute-Kontaktadressen

AG Bachstrasse 111
Postfach
5001 Aarau
064/240877

AI Blumenrainweg 3
9050 Appenzell
071/873155

AR Bahnhofstrasse 9
9100 Herisau
071/512517

BE Liebeggweg 7
3006 Bern
031/443535

BL Rathausstrasse 78
4410 Liestal
061/9219233

BS Luftgässlein 1
4051 Basel
061/2723071

FR Rue St-Pierre 10
1700 Fribourg
037/224153

GE Rue de la Maladière 4
1211 Genève
022/210433

GL Marktgasse 6
8750 Glarus
058/614032

GR Bahnhofstrasse 14
7000 Chur
081/227583

JU Avenue de la Gare 49
2800 Delémont
066/223068

LU Frankenstrasse 3
6002 Luzern
041/230325

NE Avenue L. Robert 53
2300 La Chaux-de-Fonds
039/232020

NW St. Klara-Rain 1
6370 Stans
041/612524

OW Flüelistrasse 2
6060 Sarnen
041/665700

SG Glockengasse 4
9004 St. Gallen
071/225601

SH Vorstadt 54
8201 Schaffhausen
053/248066

SO Forststrasse 2
4500 Solothurn
065/229780

SZ Rickenbachstrasse 13
6430 Schwyz
043/214876

TG Schützenstrasse 23
8570 Weinfelden
072/225120

TI Via Carducci 4
6900 Lugano
091/238181
(auch Mesolcina-
Calanca GR)

UR Bahnhofstrasse 34
6460 Altdorf
044/24212

VD Maupas 51
1000 Lausanne 4
021/361721

VS Rue des Tonneliers 7
1950 Sion
027/220741

ZG Chamerstrasse 12c
6300 Zug
042/214366

ZH Forchstrasse 145
8032 Zürich
01/554255

CH Pro Senectute Schweiz
Zentralsekretariat
Lavaterstrasse 60
8027 Zürich
01/2013020

Schweizerischer Rentnerverband

Der Schweizerische Rentnerverband (SRV) wurde 1984 gegründet und zählte 1991 schon über 30 000 Einzel-, Ehepaar- und Kollektivmitglieder. Er vertritt die Interessen der Rentnergeneration auf eidgenössischer, kantonaler und kommunaler Ebene. Sozialpolitische Anliegen stehen im Vordergrund: Informationsrecht und Mitsprache der älteren Generation in den Bereichen AHV, Pensionskassen, Gesundheitswesen und Wohnen. Der SRV hat eine eidgenössische Volksinitiative für den Teuerungsausgleich bei den Renten lanciert und die Bildung einer parlamentarischen Gruppe für Altersfragen im Bundeshaus angeregt.

Die Kantonalverbände sind unterschiedlich aktiv: Sozialpolitische Fragen, Beratung von Mitgliedern und gesellige Anlässe bilden die Schwerpunkte.

Das Verbandsorgan ‹Seniorama› erscheint monatlich. Das Jahresabonnement kostet 36 Franken (Ermässigung für Mitglieder).

Adressen

Schweizerischer Rentnerverband
Zentralsekretariat
Habsburgerstrass 2
4310 Rheinfelden 2
061/831 47 85

Seniorama
Rolf-Peter Zehnder AG
Hubstrasse 60
9500 Wil
073/23 47 11

Graue Panther

Angeregt durch den Erfolg der Grauen Panther in den USA und in Deutschland entstanden auch in der Schweiz einige Panther-Gruppen (in Zürich gleich zwei, die sich gegenseitig die Krallen zeigen). Zwischen den regionalen Gruppen besteht nur ein lockerer Kontakt.

Basels Graue Panther, die grösste und aktivste Gruppe, versteht sich als Selbsthilfeorganisation. Wichtig ist die Aktivierung der Mitglieder. Entsprechend breit gefächert sind die Tätigkeiten: politischer Referendumskampf für Niederflur-Tramwagen, Abklärungen über neue Wohnformen (Senioren-Wohngemeinschaften und ähnliches), Spielnachmittage,

177

Monatsversammlungen mit Politikern, Gesprächsrunden mit Fachleuten, Ausflüge und Wanderungen.

Adressen

Basels Graue Panther
Postfach 686
4125 Riehen 1
061/46 68 67

Graue Panther Zürich
Postfach 1025
8038 Zürich
01/482 81 04

Stelle für Altersfragen der Migros

Die Stelle für Altersfragen des Migros-Genossenschafts-Bundes wurde 1977 geschaffen. Sie wird durch das «Kulturprozent» der Migros mitfinanziert. Ziel: einen Beitrag zur Erhöhung der Lebensqualität im Alter zu leisten. Tätigkeiten:

- Kurse zur Vorbereitung auf die dritte Lebensphase
- Konzeption und Koordination von Bildungsangeboten für Senioren, Schwerpunkt: Gedächtnistraining
- Aktivferien mit den Themen: Gesundheitsprophylaxe, Sprachen, Gedächtnistraining, Einführung in die Informatik, kreative Tätigkeiten, Einführung in die Musik- und Kunstgeschichte, Sport und Wandern
- Kurse für eine optimale Lebensgestaltung in der zweiten Lebenshälfte in Zusammenarbeit mit den Klubschulen
- Ferien für ältere Behinderte unter Begleitung von Migros-Lehrlingen
- Aus- und Weiterbildung von Animatorinnen und Animatoren

Adresse

Migros-Genossenschafts-Bund
Stelle für Altersfragen
Postfach 266
8031 Zürich
01/277 21 73

Budget

	vor AHV-Alter	nach AHV-Alter
Einnahmen		
– Lohn netto, nach Abzug der Sozial- versicherungsbeiträge: 12 x Fr.	....	....
– 13. Gehalt, Gratifikation, Herbst-, Orts-, Teuerungszulage usw.	....	....
– Kinderzulage	....	....
– AHV-Rente, Ergänzungsleistungen, Beihilfe, Gemeindezuschuss, Hilflosenentschädigung	....	....
– Betriebliche Altersversorge: Rente, Pension, Überbrückungsrente bis zum AHV-Alter	....	....
– Private Vorsorge: Vermögensertrag, private Versicherungsleistungen, Vermögensverzehr	....	....
– Rente IV, SUVA, Militär- versicherung	....	....
– Unterstützung von Stiftungen und Fonds	....	....
– Witwenrente, Waisenrente	....	....
– Unterhaltsbeiträge: Alimente, Zuwendungen	....	....
– Kostgeld	....	....
– Miet- und Pacht-Einnahmen	....	....
– Entschädigung für ausserberufliche Tätigkeit	....	....
– Weitere Einnahmen	....	....
Total Einnahmen	....	....

	vor AHV-Alter	nach AHV-Alter

Ausgaben

– Wohnen (Miete, Nebenkosten,
Garage) ....

– Für Eigentümer: Gebäudeunterhalt,
Reparaturen, Gartenunterhalt,
Hypothekarzinsen, Rückzahlung
Hypothek, Gebäudeversicherung ....

– Haushalt (Nahrung und Getränke,
Genussmittel, Mahlzeitendienst,
Wasch- und Putzmittel, Wäsche-
besorgung auswärts, Kleiderpflege,
Haushaltshilfe oder Putzfrau, Porti,
Blumen usw.) ....

– Wohnen bei Verwandten oder im
Heim (Kost, Logis, Wäsche-
besorgung, Betreuung) ....

– Kleideranschaffungen, Wäsche,
Schuhe ....

– Anschaffungen Einrichtung,
Apparate usw. ....

– Körperpflege (Toilettenartikel,
Coiffeur usw.) ....

– Fitness (Sauna, Massage, sportliche
Betätigung) ....

– Gesundheit (Diäten, Hilfsmittel für
Sehen, Hören usw., Kosten für Arzt,
Zahnarzt, Spital, Medikamente,
Therapien, Kuren, Hauspflege-
dienst, Tagesheim usw.) ....

– Verkehr (Motorfahrzeug, Fahrrad,
öffentliche Verkehrsmittel) ....

– Unterhaltung, Kontakte, diverses
(Telefon, Radio, TV, Zeitungen,

	vor AHV-Alter	nach AHV-Alter
Bücher, Vereinsbeiträge, kulturelle Veranstaltungen, Kursgelder und -unterlagen, Ferien, Reisen, Ausflüge, Geschenke, Haustiere, Hobbys, Spenden, Grabpflege)	....	....
– Steuern inkl. Steuerberatung	....	....
– Versicherungen (Kranken-, Unfall-, Spitalversicherung, Lebensversicherung, AHV-Beitrag für Nichterwerbstätige, private Altersvorsorge, Hausrat- und Haftpflichtversicherung, Motorfahrzeugversicherung, Rechtsschutz)	....	....
– Alimente, Unterstützungen, Taschengeld	....	....
– Zinsen für Darlehen und Kredite, Rückzahlung, Ratenzahlungen, Leasing oder Miete	....	....
– Weitere Ausgaben	....	....
– Ersparnisse, Kapitalanlagen	....	....

| Total Ausgaben | .... | .... |

AHV, Ergänzungsleistungen, BVG

Merkblätter AHV

Bei den kantonalen Ausgleichskassen (Adressen siehe letzte Seiten im Telefonbuch) können eine ganze Reihe von Merkblättern bezogen werden. Wichtig sind vor allem:

- Merkblatt über die AHV/IV/EO-Beiträge
- AHV-Merkblatt für Nichterwerbstätige (besonders wichtig für die geschiedene nichterwerbstätige Frau)
- Merkblatt über die Leistungen der AHV
- Merkblatt über die Leistungen der IV
- Merkblatt über die Ergänzungsleistungen der AHV/IV

Teilweise existieren Merkblätter über kantonale und kommunale Zusatzleistungen; Auskunft bei der Gemeindeverwaltung.

Adressen AHV

Bundesamt für Sozialversicherung
- Abteilung AHV/EO/EL
  Effingerstrasse 33
- Abteilung Invalidenversicherung
  Effingerstrasse 55
- Hauptabteilung Kranken- und
  Unfallversicherung,
  Effingerstrasse 43
- Sektion Familienschutz,
  Effingerstrasse 39
Alle: 3003 Bern

Die AHV/IV-Rekursbehörden
Ihres Kantons nennen Ihnen die
kantonalen Ausgleichskassen.

Für Auskünfte im Zusammenhang
mit zwischenstaatlichen
Abkommen über soziale Sicherheit:
Schweizerische Ausgleichskasse
Av. Edmond-Vaucher 18
1211 Genf 28
022/795 91 11

AHV/IV-Rekursbehörde für
Personen im Ausland:
Rekurskommission
Chavannes 35
1007 Lausanne
021/626 13 00

Monatsrenten in Franken ab 1. Januar 1992

Bestimmungs-grösse	Alters- und Invalidenrenten		Hinterlassenenrenten und Leistungen an Angehörige			
Massgebendes durchschnittliches Jahreseinkommen	Einfache	Ehepaare	Witwen	Zusatzrente für die Ehefrau	Einfache Waisen- und Kinderrente	Vollwaisen- und Doppel-Kinderrente
	Ganze	Ganze		Ganze	Ganze	Ganze
bis						
10 800	900	1 350	720	270	360	540
11 880	918	1 377	734	275	367	551
12 960	936	1 404	749	281	374	562
14 040	954	1 431	763	286	382	572
15 120	972	1 458	778	292	389	583
16 200	990	1 485	792	297	396	594
17 280	1 008	1 512	806	302	403	605
18 360	1 026	1 539	821	308	410	616
19 440	1 044	1 566	835	313	418	626
20 520	1 062	1 593	850	319	425	637
21 600	1 080	1 620	864	324	432	648
22 680	1 098	1 647	878	329	439	659
23 760	1 116	1 674	893	335	446	670
24 840	1 134	1 701	907	340	454	680
25 920	1 152	1 728	922	346	461	691
27 000	1 170	1 755	936	351	468	702
28 080	1 188	1 782	950	356	475	713
29 160	1 206	1 809	965	362	482	724
30 240	1 224	1 836	979	367	490	734
31 320	1 242	1 863	994	373	497	745
32 400	1 260	1 890	1 008	378	504	756
33 480	1 278	1 917	1 022	383	511	767
34 560	1 296	1 944	1 037	389	518	778
35 640	1 314	1 971	1 051	394	526	788
36 720	1 332	1 998	1 066	400	533	799
37 800	1 350	2 025	1 080	405	540	810
38 880	1 368	2 052	1 094	410	547	821
39 960	1 386	2 079	1 109	416	554	832
41 040	1 404	2 106	1 123	421	562	842
42 120	1 422	2 133	1 138	427	569	853
43 200	1 440	2 160	1 152	432	576	864
44 280	1 458	2 187	1 166	437	583	875
45 360	1 476	2 214	1 181	443	590	886
46 440	1 494	2 241	1 195	448	598	896
47 520	1 512	2 268	1 210	454	605	907
48 600	1 530	2 295	1 224	459	612	918
49 680	1 548	2 322	1 238	464	619	929
50 760	1 566	2 349	1 253	470	626	940
51 840	1 584	2 376	1 267	475	634	950
52 920	1 602	2 403	1 282	481	641	961
54 000	1 620	2 430	1 296	486	648	972
55 080	1 638	2 457	1 310	491	655	983
56 160	1 656	2 484	1 325	497	662	994
57 240	1 674	2 511	1 339	502	670	1 004
58 320	1 692	2 538	1 354	508	677	1 015
59 400	1 710	2 565	1 368	513	684	1 026
60 480	1 728	2 592	1 382	518	691	1 037
61 560	1 746	2 619	1 397	524	698	1 048
62 640	1 764	2 646	1 411	529	706	1 058
63 720	1 782	2 673	1 426	535	713	1 069
64 800	1 800	2 700	1 440	540	720	1 080

Aufwertungsfaktoren 1991

Erster IK-Eintrag	Aufwertungs- faktor	Erster IK-Eintrag	Aufwertungs- Faktor	Erster IK-Eintrag	Aufwertungs- faktor
1948	2,175	1963	1,595	1978	1,145
1949	2,137	1964	1,557	1979	1,123
1950	2,099	1965	1,521	1980	1,101
1951	2,061	1966	1,485	1981	1,079
1952	2,022	1967	1,449	1982	1,060
1953	1,983	1968	1,414	1983	1,043
1954	1,944	1969	1,379	1984	1,026
1955	1,905	1970	1,345	1985	1,009
1956	1,866	1971	1,312	1986	1,000
1957	1,827	1972	1,282	1987	1,000
1958	1,788	1973	1,254	1988	1,000
1959	1,749	1974	1,228	1989	1,000
1960	1,711	1975	1,207	1990	1,000
1961	1,672	1976	1,187	1991	1,000
1962	1,633	1977	1,166		

BVG

Jeder Kanton hat eine Aufsichtsbehörde über die verschiedenen Personalvorsorgestiftungen in seinem Gebiet bestellt. Die Adressen dieser Behörden und der «Stiftung Auffangeinrichtung BVG» finden Sie auf der letzten Seite des Telefonbuchs.

Anmelde- und Auskunftsstellen für Ergänzungsleistungen AHV und IV

Für die Ergänzungsleistungen sind – mit Ausnahme der Kantone Zürich, Basel-Stadt und Genf – die kantonalen AHV-Ausgleichskassen zuständig. Für Anmeldung und Auskünfte sind in den einzelnen Kantonen folgende Stellen bezeichnet:

AG AHV-Gemeindezweigstelle oder Ausgleichskasse des Kantons Aargau
Kyburgerstrasse 15
5001 Aarau

AI Ausgleichskasse des Kantons Appenzell IR
Poststrasse 9
9050 Appenzell oder deren Zweigstelle in Oberegg

AR AHV-Gemeindezweigstelle

BE AHV-Gemeindeausgleichs-
kasse

BL Gemeindezweigstelle der
Ausgleichskasse oder
Ausgleichskasse des
Kantons Basel-Landschaft
Hauptstrasse 109
4102 Binningen

BS für Ergänzungsleistungen zur
AHV:
Kantonale Altershilfe,
Martinsgasse 6/10
für Ergänzungsleistungen
zur IV:
Kantonale Invalidenhilfe
Martinsgasse 12

FR Gemeindeverwaltung

GE Office des allocations aux
personnes âgées, aux veuves,
aux orphelins et aux invalides
Route Chêne 54
case postale
1211 Genève 3

GL AHV-Gemeindezweigstelle

GR AHV-Gemeindezweigstelle
oder Ausgleichskasse des
Kantons Graubünden
Rosenweg 4
7001 Chur

JU AHV-Gemeindezweigstelle

LU EL-Durchführungsstelle der
Wohngemeinde, in der Regel
die AHV-Gemeindezweig-
stelle

NE AHV-Gemeindezweigstelle

NW AHV-Gemeindezweigstelle

OW AHV-Gemeindezweigstelle

SG AHV-Gemeindezweigstelle
oder Ausgleichskasse des
Kantons St. Gallen
Brauerstrasse 54
9016 St. Gallen

SH AHV-Gemeindezweigstelle
oder Ausgleichskasse des
Kantons Schaffhausen
Herrenacker 3
8200 Schaffhausen

SO Gemeindezweigstelle der
Ausgleichskasse des
Kantons Solothurn
Untere Sternengasse 2
4501 Solothurn

SZ AHV-Gemeindezweigstelle

TG AHV-Gemeindezweigstelle

TI AHV-Gemeindezweigstelle

UR AHV-Gemeindezweigstelle

VD AHV-Gemeindezweigstelle

VS AHV-Gemeindezweigstelle

ZG AHV-Gemeindezweigstelle

ZH Gemeindeorgan der Alters-,
Hinterlassenen- und
Invalidenbeihilfe

185

Nützliche Adressen

Altersvorbereitung

Stelle für Fragen der
Altersvorbereitung
Pro Senectute Kanton Zürich
Forchstrasse 145
Postfach
8032 Zürich
01/554255

Stelle für Altersfragen
Migros-Genossenschafts-Bund
Limmatstrasse 152
Postfach 266
8031 Zürich
01/2772179

Forschungsinstitut für Arbeit und
Arbeitsrecht an der Hochschule
St. Gallen
Guisanstrasse 92
9010 St. Gallen
071/302800

Freizeit, Ferien

Sekretariat Seniorentheater
Pro Senectute
Oberlandstrasse 2
3700 Spiez
033/546161

Stelle für Altersfragen
Migros-Genossenschafts-Bund
siehe Seite 178

Über Freizeitangebote informieren
auch die lokalen Stellen von
Pro Senectute
siehe Seite 176

Geführte Autobiographie
Marlisa Fritschi
Isenbergstrasse 29
8913 Ottenbach
01/7612685

Ferienfreuden im Alters- und
Pflegeheim
Vermittlungsstelle
Emilie Eberhart
Mühlemattstrasse 12
8135 Langnau a. A.
01/7133305
bei Abwesenheit:
Pro Senectute Zürich
01/554255

Rentnerarbeit

Aktion «P»
Sternengässchen 1
3011 Bern
031/224897

Senioren für Senioren
Kontakt durch die Beratungs- und
Geschäftsstellen der Pro Senectute
siehe Seite 176

Senexpert
Forchstrasse 145
8032 Zürich
01/533058

Club Adlatus
Postfach 67
8708 Männedorf
01/9201694

Senior Expert Corps
c/o Swisscontact
Döltschiweg 39
8055 Zürich
01/4639411

Vita Work
Ämtlerstrasse 30
Postfach
8003 Zürich
01/4630330

Verein Sertus
Stellenvermittlung für Senioren
Weinbergstrasse 148
8006 Zürich
01/3620141/44

Babysitter-Vermittlung
Rotes Kreuz
Engelgasse 114
4052 Basel
061/3125656

Koordinationsstelle
für Seniorenarbeit des
Schweiz. Rentnerverbands
061/8314785
Di, Mi, Do 9-11 Uhr

Wohnen

Bundesamt für Wohnungswesen
Weltpoststrasse 4
3000 Bern 15
031/612444

Schweiz. Fachstelle für
behindertengerechtes Bauen
Neugasse 136
8005 Zürich
01/2725444

Pflege, Betreuung, Tod

Beratungs- und Geschäftsstellen
von Pro Senectute
siehe Seite 176

Schweizerischer Berufsverband
der Krankenschwestern
und Krankenpfleger
Choisystrasse 1
3001 Bern
031/25 64 27

Schweizerisches Rotes Kreuz
Rainmattstrasse 10
3001 Bern
031/66 71 11

Schweizerische Vereinigung
der Hauspflegeorganisationen
Zähringerstrasse 15
3012 Bern
031/23 96 81

Schweizerische
Patientenorganisation
Zähringerstrasse 32
Postfach 819
8025 Zürich
01/252 54 22

Eigerplatz 12
3007 Bern
031/46 13 11

Schweizerische Patientenstelle
Hofwiesenstrasse 3
8057 Zürich
01/361 92 56

St. Karli-Quai 12
Postfach
6000 Luzern 5
041/51 10 14

Hebelstrasse 53
4051 Basel
061/25 42 41

casa postale 1077
Via Visconti 1
6500 Bellinzona
092/26 11 28

Exit
Geschäftsstelle
Breidensteinweg 16
2540 Grenchen
065/52 79 72

Caritas Schweiz
Informationsdienst
Löwenstrasse 3
6002 Luzern
041/50 11 50

Der Schweizerische Beobachter
Beratungsdienst
Postfach
8152 Glattbrugg
01/829 61 11

Testament und Erbschaft: zuständige Behörden

Kanton	Errichtung öffentlicher Testamente	Aufbewahrung von Testamenten	Einreichung/ Eröffnung von Testamenten	Ausschlagung/ öffentliches Inventar	Erbschein	Siegelung/ Sicherungs- inventar
AG	Notar	Gerichtspräsident	Gerichtspräsident	Gerichtspräsident, Gemeinderat	Gerichtspräsident	Gerichtspräsident, Gemeinderat
AI	Landschreiber oder Bezirksschreiberei	Erbschaftsbehörde	Präsident der Erbschaftsbehörde	Erbschaftsbehörde	Erbschaftsbehörde	Präsident der Erbschaftsbehörde
AR	Gemeindeschreiber	Gemeinderat	Gemeinde- hauptmann/ Gemeindeschreiber	Gemeinderat	Erteilungs- kommission	Gemeinderat
BE	Notar	Gemeinderat, Notar	Gemeinderat	Regierungs- statthalter	Gemeinderat, Notar	Gemeinderat
BL	Bezirksschreiberei	Bezirksschreiberei	Bezirksschreiberei	Bezirksschreiberei	Bezirksschreiberei	Bezirksschreiberei
BS	Notar	Erbschaftsamt	Erbschaftsamt	Erbschaftsamt	Erbschaftsamt	Erbschaftsamt
FR	Notaire	Notaire	Juge de paix	Président du tribunal d'arrondissement	Juge de paix	Friedensgericht

189

Kanton	Errichtung öffentlicher Testamente	Aufbewahrung von Testamenten	Einreichung/ Eröffnung von Testamenten	Ausschlagung/ öffentliches Inventar	Erbschein	Siegelung/ Sicherungs- inventar
GE	Notaire	Juge de paix	Juge de paix	Juge de paix	Juge de paix	Juge de paix
GL	Regierungs- oder Gerichtskanzlei, vom Obergericht ermächtigte Anwälte	Waisenamt	Waisenamt	Zivilgerichts- präsident	Waisenamt	Waisenamt
GR	Kreisnotar	Kreispräsident	Kreispräsident	Kreispräsident	Kreispräsident	Kreispräsident
JU	Notaire	Notaire ou conseil communal	Conseil communal	Juge administratif, Recette et administration de district	Conseil communal	Conseil communal und die dazu bezeichnete Behörde
LU	Notar	Depositalbehörde	Teilungsbehörde	Teilungsbehörde	Teilungsbehörde	Teilungsbehörde
NE	Notaire	Président du Tribunal de district	Président du Tribunal de district	Président du Tribunal de district	Président du Tribunal de district	Président du Tribunal de district

Kanton	Errichtung öffentlicher Testamente	Aufbewahrung von Testamenten	Einreichung/ Eröffnung von Testamenten	Ausschlagung/ öffentliches Inventar	Erbschein	Siegelung/ Sicherungs- inventar
NW	Amtsschreiber, Amtsnotar, Grundbuch- verwalter, Handels- und Güterrechts- registerführer, Gemeindeschreiber, Anwälte mit Wohnsitz im Kanton	Amtsnotariat	Gemeinderat	Kantonales Konkursamt	Gemeinderat	Einwohner-, Gemeinderat
OW	Kant. Amtsnotar, freie Notare, Gemeindenotare	Gemeindearchiv	Einwohner- gemeinderat	Einwohner- gemeindepräsident/ Obergerichts- kommission	Gemeindeschreiber	Gemeinderat
SG	Bezirks- oder Gemeindeammann, Gemeinderats- schreiber, Anwalt mit St. Gallischem Patent	Bezirksamt oder Gemeindeamt	Bezirks- oder Gemeindeammann	Bezirksammann	Bezirks- oder Gemeindeammann	Bezirksamman
SH	Erbschaftsbehörde	Erbschaftsbehörde	Erbschaftsbehörde	Erbschaftsbehörde	Erbschaftsbehörde	Erbschaftsbehörde

Kanton	Errichtung öffentlicher Testamente	Aufbewahrung von Testamenten	Einreichung/ Eröffnung von Testamenten	Ausschlagung/ öffentliches Inventar	Erbschein	Siegelung/ Sicherungsinventar
SO	Notar, Amtsschreiber	Amtsschreiberei	Ammann der Einwohnergemeinde	Amtsschreiber, Amtsgerichtspräsident	Amtsschreiber	Gemeindeammann, Vormundschaftsbehörde, Amtsschreiber
SZ	Gemeindeschreiber, Notar, Rechtsanwalt	Vormundschaftsbehörde	Vormundschaftsbehörde	Bezirksgerichtsbehörde	Vormundschaftsbehörde	Vormundschaftsbehörde
TG	Notar	Notar	Notar	Bezirksgerichtspräsident	Notar	Teilungsbehörde
TI	Nataio	Nataio	Pretore	Pretore	Pretore	Pretore
UR	Notar	Staats- und Gemeindearchiv	Gemeinderat	Gemeinderat	Zivilstandsbeamter	Gemeinderat
VD	Notaire	Juge de paix	Juge de paix	Juge de paix	Juge de paix	Juge de paix
VS	Notaire	Notaire	Juge de commune	Juge d'instruction	Juge de commune	Gemeinderichter
ZG	Einwohner- oder Gerichtskanzlei	Einwohnerkanzlei/ Gerichtskanzlei	Erbteilungskommission der Gemeinde	Kantonsgerichtspräsident	Erbteilungskommission der Gemeinde	Einwohnerrat oder Erbteilungskommission
ZH	Notar	Notar	Einzelrichter	Einzelrichter	Einzelrichter	Einzelrichter, allenfalls Vormundschaftsbehörde

Literatur

1. Kapitel

‹Die Entfernung vom Wolfsrudel›
Reimer Gronemeyer
Claassen, Düsseldorf 1989

‹Aufbruch im Alter›
Ueli Mäder
rotpunktverlag, Zürich 1988

‹Geschichte des Alters›
Peter Borscheid
F. Coppenrath Verlag, München 1987

‹Der neue Generationenvertrag›
Hrsg. Ulf Fink
Piper Verlag, München 1988

‹Die Altersfragen in der Schweiz›
Eidg. Expertenkommission
Eidg. Drucksachen- und Materialzentrale, 3000 Bern, 1979

‹Schweiz. Landesbericht zuhanden der UNO-Weltkonferenz über das Alter›
Pro Senectute, Zürich 1982

‹Demographiebericht AHV›
Bundesamt für Statistik, Bern 1990

2. Kapitel

‹Die schweizerische AHV› (Gratisbroschüre)
AHV-Informationsstelle 1989
erhältlich bei den Ausgleichskassen

‹Hier geht's um Geld›
Hrsg. AHV-Informationsstelle
Verlag Sauerländer, Aarau 1988

AHV-Merkblätter
siehe Seite 182

‹Die wirtschaftliche Ungleichheit im Rentenalter in der
Schweiz›
Ambros Lüthi
Universitätsverlag, Freiburg 1983

‹Sind Sie richtig versichert?›
Ein Ratgeber aus der Beobachter-Praxis
Beobachter-Buchverlag, Glattbrugg 1991 (5. Auflage)

‹Das 200 Milliarden-Geschäft›
Ruedi Rechsteiner
Unionsverlag, Zürich 1984

‹Pensionskasse: Das Beste daraus machen›
Ruedi Rechsteiner, Hans-Ueli Stauffer
Unionsverlag, Zürich 1985

‹Armut in der reichen Schweiz›
Buhmann, Enderle u. a.
Orell Füssli Verlag, Zürich 1989

‹Mein Geld›
Ein Ratgeber aus der Beobachter-Praxis
Beobachter-Buchverlag, Glattbrugg 1990 (3. Auflage)

‹Rund ums Geld› (Ratschläge der Budgetberaterin
Trudy Frösch-Suter)
Zeitlupe, Postfach, 8027 Zürich, 1989

3. Kapitel
‹Vorbereitung auf das Alter›
Julie Winter
Pro Senectute, Zürich 1985

‹Der Übergang vom Erwerbsleben in den Ruhestand›
(Dissertation)
Gertrud Schönholzer
Verlag Rüegger, Grüsch 1979

‹Brücken in die Zukunft›
Marlies Cremer, Hermann Schäfer
Klett Verlag, Stuttgart 1984

‹Alt, und trotzdem viele Chancen›
Ulla Balm
Lübbe Verlag, Bergisch Gladbach 1986

‹Worauf es im Alter ankommt›
Karl Ledergerber
Herder Verlag, Freiburg i. Br., 1987

‹Die allerbesten Jahre›
Hrsg. Helmut Scheidgen
Beltz Verlag, Weinheim 1988

‹Die späte Freiheit›
Leopold Rosenmayr
Severin und Siedler Verlag, Berlin 1983

4. Kapitel
‹Senioren für Senioren› (Broschüre)
Pro Senectute Kanton Zürich, Postfach, 8032 Zürich

‹Erfolg über 60›
Albert M. Myers, Christopher P. Andersen
Oesch Verlag, Zürich 1987

5. Kapitel
‹Frei-Zeit, Fantasie und Realität›
Ueli Mäder
rotpunktverlag, Zürich 1990

‹Freizeit im Ruhestand›
Opaschowski, Neubauer
B.A.T., Hamburg 1984

‹Ein neues Zeitalter für das Alter?›
Rita Baur
Prognos AG, Basel 1984

‹Alter und Freizeit›
Jörn Kuhr u.a.
Deutsche Gesellschaft für Freizeit, Erkrath 1988

‹Freizeit- und Lebensstile älterer Menschen›
Walter Tokarski
Gesamthochschulbibliothek, Kassel 1989

‹Freizeitkartei für Senioren›
Jürgen Fritz, Peter Lücking
Matthias-Grünewald-Verlag, Mainz 1988

6. Kapitel
‹Die altersgerechte Wohnung›
‹Wohnen in der Schweiz› (Wohnungszählung 1980)
‹Ideensammlung für Ersteller von Mietwohnungen›
Schriftenreihe Wohnungswesen
Eidg. Drucksachen- und Materialzentrale, 3000 Bern

‹Ich werde älter: Was mache ich mit meinem Haus?›
Schriftenfolge Nr. 45
Schweiz. Vereinigung für Landesplanung (VLP), Bern 1987

‹Eine Villa im Süden›
Roger Lehmann
Flandern Verlag, Ittigen 1990

‹Wohnungsanpassung bei zunehmender Hilfebedürftigkeit›
Christa Kliemke, Heide Knebel, Erhard Böttcher
Institut für Krankenhausbau, Berlin 1988

‹Wohnungsanpassung›
Holger Stolarz
Kuratorium Deutsche Altershilfe, Köln 1986

7. Kapitel
‹Anna und Goliath – Menschen im Altersheim›
Helen Stark-Towlson
Zytglogge, Bern 1986

‹Öffnet die Altersheime!›
Konrad Hummel
Beltz Verlag, Weinheim 1988 (3. Auflage)

‹Wege aus der Zitadelle›
Hrsg. Konrad Hummel, Irene Steiner-Hummel
Vincentz Verlag, Hannover 1990 (2. Auflage)

‹Ein neues Leben. Alt werden in einer Wohngemeinschaft›
Christel Schachtner
Fischer Taschenbuch Verlag, Frankfurt a.M. 1989

‹Zu Hause leben oder im Altersheim›
Bärbel Döhring
Fischer Taschenbuch Verlag, Frankfurt a.M. 1989

8. Kapitel
‹Sexualverhalten in der zweiten Lebenshälfte›
Ergebnisse sozialwissenschaftlicher Forschung
Hans-Dieter Schneider
Verlag W. Kohlhammer, Stuttgart 1980

‹Liebe und Sexualität in der zweiten Lebenshälfte›
Problemlösungen und Behandlungen
Hans-Joachim von Schumann
Birkhäuser Verlag, Basel 1990

‹Liebe und Sexualität in reiferen Jahren›
Bernard D. Starr, Marcella B. Weiner
Scherz Verlag, Bern und München 1982

‹Sex nach sechzig›
Isodore Rubin
Heyne Taschenbuch Verlag, München 1982

9. Kapitel

‹Das hohe Alter›
Lily Pincus
Kreuz Verlag, Stuttgart 1982

‹Die späte Freiheit›
Leopold Rosenmayr
Verlag Severin und Siedler, Berlin 1983

‹Soziale Beziehungen im Alter›
Heike Schulz
Campus Verlag, Frankfurt a.M. 1979

‹Unabhängigkeit im Alter›
Ernst Wieltschnig
Verlag Paul Haupt, Bern 1982

‹Desozialisation im Alter›
Irene Woll-Schumacher
Verlag Enke, Stuttgart 1980

10. Kapitel

‹Guten Appetit› (Merkblatt)
Pro Senectute, Schweiz, Postfach, 8027 Zürich

‹Informationen über die dritten Zähne› (Merkblatt)
Schweiz. Zahnprothetiker-Verband, Postfach 9258, 8050 Zürich

‹Kursbuch für die zweite Lebenshälfte›
Peter Beckmann
Südwest Verlag, München 1988

‹Präventive Gerontologie. Gesund älter werden›
Kurt Biener
Verlag Huber, Bern 1990

‹Altern ist keine Krankheit›
Renate Daimler, Gerd Glaeske
Verlag Kiepenheuer & Witsch, Köln 1988

‹Gesund im Alter›
Heinz Hillman
Verlag Herder, Freiburg i.Br. 1990

‹Älterwerden ohne Angst›
Klaus Oesterreich
Klett Verlag, Stuttgart 1982

‹Aktiv und selbstbewusst. Programm für ein gesundes Alter›
Ingrid zu Solms-Wildenfels
Umschau Verlag, Frankfurt a.M. 1987

‹Sucht und Alter›
Hrsg. Katholische Sozialethische Arbeitsstelle e.V.
Hoheneck Verlag, Hamm 1985

‹Älter werden – mobil bleiben›
‹Senioren als Fussgänger›
‹Medikamente am Steuer: aufgepasst!›
Merkblätter der Schweiz. Beratungsstelle für Unfallverhütung,
Postfach 8236, 3001 Bern

11. Kapitel

‹Patient – was tun?›
Bruno Glaus, Kurt Pfändler
Unionsverlag, Zürich 1985

‹Die Rechte der Patienten›
Patientenstelle Zürich, siehe Seite 188

‹Wenn alte Eltern pflegebedürftig werden›
Christina Christen
Paul Haupt Verlag, Bern 1989

‹Pflege und Begleitung des älter werdenden Menschen›
Hrsg. Cécile Wittensöldner
Recom Verlag, Basel 1988

‹Patienten ABC›
Beratungsstelle der Schweiz. Patientenorganisation,
Zürich 1983

‹Die Pflege verwirrter alter Menschen›
Erich Grond
Lambertus Verlag, Freiburg i.Br. 1988

‹Praktisches Handbuch der Hauskrankenpflege›
Diana Hastings
Herder Verlag, Freiburg i.Br. 1989

‹Behandlung, Pflege und Betreuung zu Hause›
Spitex-Ratgeber
Gesundheits- und Fürsorgedirektion des Kantons Bern,
Bern 1989

‹Ambulante Altenhilfe›
Theresia Brechmann, Helmut Wallrafen-Dreisow
Vincentz Verlag, Hannover 1990

‹Lebensqualität im Alter, eine Frage der Zukunft in der Spitex›
Schweiz. Institut für Gesundheits- und Krankenhauswesen,
Aarau 1989

12. Kapitel
‹... bis dass der Tod euch scheidet›
Zur Psychologie des Trauerns, Lily Pincus
Ullstein Sachbuch, Frankfurt 1982

‹Sterben und Trauern in der modernen Gesellschaft›
Gerhard Schmied
Piper, München 1988

‹Gramp, ein Mann altert und stirbt›
Mark und Dan Jury
Verlag Dietz, Bonn 1988

‹Für Dich da sein, wenn Du stirbst›
Deborah Duda
Papyrus Verlag, Hamburg 1983

‹Lasst mich doch zu Hause sterben›
Hrsg. Peter Godzik, Petra-R. Muschaweck
Gütersloher Verlagshaus, Gütersloh 1989

‹Sterbehilfe. Ethische und juristische Grundlagen›
Robert Kehl
Zytglogge Verlag, Gümligen 1989

‹Sterbebeistand, Sterbebegleitung, Sterbegeleit›
Franco Rest
Kohlhammer Verlag, Stuttgart 1989

‹Trauerwege›, Michael Schibilsky
Patmos Verlag, Düsseldorf 1989

‹Patientenverfügung›
Caritas Luzern, siehe Seite 188

‹Patienten-Verfügung›
Schweiz. Patientenorganisation, siehe Seite 188

‹Testament, Erbfolge, Erbschaft›
Ein Ratgeber aus der Beobachter-Praxis
Beobachter-Buchverlag, Glattbrugg, 1990 (7. Auflage)

DAS LEBEN BESSER MEI-STERN. MIT DEN RATGEBERN VOM BEOBACHTER.

Das Lehr-lingsbuch
186 Seiten

Erziehen ist kein Kinderspiel
220 Seiten

Arbeits-recht
247 Seiten

Leben ab sechzig
201 Seiten

Scheidung?
232 Seiten

Baby ABC
260 Seiten

Umwelt-schutz jetzt
245 Seiten

Sind Sie richtig versichert?
296 Seiten

Konkubinat, Ehe ohne Trauschein
138 Seiten

RS-Hand-buch für Rekruten
208 Seiten

Stellen-wechsel
174 Seiten

Testament, Erbfolge, Erbschaft
201 Seiten

Mein Geld
201 Seiten

Ehe – das neue Gesetz
179 Seiten

Unfall, was nun?
290 Seiten

Sucht
258 Seiten

Mit den Ratgebern vom Beobachter ist Ihnen wirklich geholfen. Denn niemand wird so oft mit allen Lebens-problemen konfrontiert wie die Beobachter-Redaktorinnen und -Redaktoren. In den Rat-gebern vom Beobachter finden Sie die Konzen-trate aus dieser langjäh-rigen Beratungspraxis; klar, deutlich und span-nend geschrieben – mit vielen lebensnahen, leichtverständlichen Beispielen.

der schweizerische
Beobachter

Erhältlich in Ihrer Buchhandlung

Und wieder einmal ist guter Rat teuer.

Der Beobachter ist in vielen Sachgebieten und Rechtsfragen ein kompetenter Ratgeber, der seinen Abonnentinnen und Abonnenten mit einem kostenlosen Beratungsdienst zur Seite steht. Profitieren Sie davon und bestellen Sie jetzt Ihr Jahresabonnement (26 Nummern) zu Fr. 42.50. Telefon 01/829 62 62.

der schweizerische Beobachter